中国特色社会主义
治理实践中的若干问题研究

何源章◎著

安徽师范大学出版社
ANHUI NORMAL UNIVERSITY PRESS
· 芜湖 ·

图书在版编目(CIP)数据

中国特色社会主义治理实践中的若干问题研究/何源章著.— 芜湖:安徽师范大学出版社,2020.12(2021.9重印)

ISBN 978-7-5676-4022-1

Ⅰ.①中… Ⅱ.①何… Ⅲ.①中国特色社会主义-社会管理-理论研究-文集 Ⅳ.①D63-53

中国版本图书馆CIP数据核字(2019)第058921号

中国特色社会主义治理实践中的若干问题研究 何源章◎著

责任编辑:郭行洲 刘 翠 责任校对:陈 艳
装帧设计:张 玲 责任印制:桑国磊
出版发行:安徽师范大学出版社
芜湖市北京东路1号安徽师范大学赭山校区
网 址:http://www.ahnupress.com/
发 行 部:0553-3883578 5910327 5910310(传真)
印 刷:苏州市古得堡数码印刷有限公司
版 次:2020年12月第1版
印 次:2021年9月第2次印刷
规 格:700 mm×1000 mm 1/16
印 张:14.5
字 数:223千字
书 号:ISBN 978-7-5676-4022-1
定 价:45.00元

前言

本书是笔者自工作以来，关于中国特色社会主义治理实践中的若干问题研究的相关成果汇总，主要涵盖邓小平理论与马克思主义中国化、国家治理视域下的政治发展与执政党建设、中国特色社会主义文化建设与文化自信、中国特色社会主义理论与教学改革探讨等四个方面的内容。

马克思曾经论述过东方落后国家可以逾越西方的资本主义社会形态，跨越“卡夫丁峡谷”。在面对俄国是否能从落后的自然经济形态不经资本主义阶段的发展，直接迈向更高阶段的社会主义和共产主义的现实追问时，他明确指出，虽然俄国没有经过资本主义的充分发展，但俄国的“历史环境，即它和资本主义生产的同时存在，则为它提供了大规模地进行共同劳动的现成的物质条件。因此，它能够不通过资本主义制度的卡夫丁峡谷，而占有资本主义制度所创造的一切积极的成果”[①]。由此可见，中国革命的成功验证了经典作家的这一论述。但是，在革命胜利之后，在建设社会主义方面，我们走了一些弯路。社会主义建设实践中一段时间内没有真正遵从马克思主义——在取得革命胜利之后，“无产阶级将利用自己的政治统治，一步一步地夺取资产阶级的全部资本，把一切生产工具集中在国家即组织成为统治阶级的无产阶级手里，并且尽可能快地增加生产力的总量”[②]。十一届三中全会以后，我们拉开了改革开放的序幕，之后中国的社会主义现代化建设开始坚持以经济建设为中心，解放和发展生产力，逐步

①《马克思恩格斯全集》第25卷，北京：人民出版社2001年版，第466—467页。

②《马克思恩格斯选集》第1卷，北京：人民出版社1995年版，第293页。

走向确立和完善社会主义市场经济体制的改革道路。

在中国坚持和发展马克思主义，坚持走中国特色社会主义道路，必须积极面对全面深化改革中的一系列困难与问题。同时，我们需要重新认识社会主义，重新审视资本主义，重新认识人类社会的发展史；需要进一步深入学习和研究马克思主义，不断地总结中国特色社会主义建设与发展中的经验与教训。

思想政治理论课教师责任重如山。孟德斯鸠曾经说过，启迪人民不是无关紧要的事。2019年3月18日，习近平主持召开了学校思想政治理论课教师座谈会，对思想政治课教师队伍在铸魂育人、立德树人方面的作用给予高度评价。同时对思想政治课教师提出明确的要求——政治强、情怀深、思维新、视野广、自律严、人格正。思想政治课教师要做让人特别是青少年，可信、可敬、可靠的人，同时又有“天下兴亡，匹夫有责”、乐为、敢为、有为的精神，只有这样才能够坚持教书和育人相统一，坚持言传和身教相统一，才能有大境界、大胸怀、大格局。

本书中的大部分论文为笔者所撰，部分论文是我与研究生合作而成的。由于本人文字功力及学术水平有限，虽然努力但未必如意，望读者予以包容，如有错误之处，敬请批评指正。

目　录

第一篇　邓小平理论与马克思主义中国化

第二篇　国家治理视域下的政治发展与执政党建设

第三篇　中国特色社会主义文化建设与文化自信

第四篇　中国特色社会主义理论与教学改革探讨

第一篇

邓小平理论与马克思主义中国化

当代中国马克思主义大众化的制度化运作问题探索*

胡锦涛总书记在党的十七大报告中指出，我们要“繁荣发展哲学社会科学”，“开展中国特色社会主义理论体系宣传普及活动，推动当代中国马克思主义大众化。推进马克思主义理论研究和建设工程，深入回答重大理论和实际问题”。[①]在错综复杂的新形势下，中国共产党人要主动做好意识形态的工作，把社会主义核心价值观融入人们的生活之中，使之成为人们的自觉行动。学术界对于马克思主义中国化、大众化问题论述较多，但是，更多的学者主要是从宣传与普及的途径来阐述。笔者以为，要更好地推动当代中国马克思主义的大众化，就必须对当代中国马克思主义大众化实施制度化运作，如此才能真正地实现当代中国马克思主义的大众化。

一、当代中国马克思主义大众化运行的制度化问题

（一）制度与制度化的关系

制度，一是指要求大家共同遵守的办事规程或行动准则。二是指在一定条件下形成的政治、经济、文化等方面的体系。其实，“制度”一词，

* 本文为2008年时任安徽省委宣传部黄传新副部长、研究员主持的中宣部重点课题“当代中国马克思主义大众化研究”的阶段性研究成果，也是笔者所主持的子课题“当代中国马克思主义大众化制度化研究”的主要成果。

① 胡锦涛：《高举中国特色社会主义伟大旗帜 为夺取全面建设小康社会新胜利而奋斗——在中国共产党第十七次全国代表大会上的报告》，《人民日报》2007年10月16日，第1版。

在中国思想史上早已有之，东西方也都对制度问题进行过许多论述，但是对社会制度较早给予明确定义的是安德鲁·斯考特。他认为，社会制度是社会的全体成员都赞同的社会行为中带有某种规律性的东西。关于制度，有的学者认为制度是根植于人群的一种习惯或风俗，还有的学者认为制度就是人们在社会生活中自然形成和创造出来的决定人们行为的文化现象等。我们这里所讲的制度，就是指人们在社会生活中接触到的所处社会的文化价值观念的行为习惯方式或行为准则。

所谓制度化就是指一个群体和组织的社会生活及其价值观念从原有的、特殊的、不固定的方式向被普遍认可的固定化模式的转化过程。制度化过程是指一个群体和组织从一种状态向另外一种状态的转化，从不发展和不成熟转向发展和成熟的过程，也是整个社会生活价值观念的规范化、有序化的变迁过程。制度是静止的，制度化是动态的；制度强调的是一种规则，制度化强调的是一种过程；制度相对于制度化来说是不固定的、不成熟的；前者是后者的基础和前提，后者是前者的目的和结果。

（二）当代中国马克思主义大众化运行制度化的含义

所谓马克思主义大众化就是把马克思主义基本理论与广大群众的日常生活、工作、学习紧密地结合，将马克思主义基本理论以最为通俗的形式和格调表现出来，适合不同层次民众的需要，并被他们所掌握。当代中国马克思主义的大众化，有的人认为就是将中国特色社会主义理论体系化。笔者认为，当代中国马克思主义大众化就是对中国特色社会主义理论体系通过通俗化、生活化、层次化、信息化等手段的宣传与学习的传递，使之深入广大人民群众的心目中，并被普遍接受与认同，转化为人们的一种行为习惯的过程。

当代中国马克思主义大众化运行制度化就是指在推进当代中国马克思主义大众化时实施其制度化；就是推进中国特色社会主义理论体系的大众化，并使其制度化；也就是将邓小平理论、“三个代表”重要思想和科学发展观等重要战略思想在中国社会实践中践行，通过通俗易懂的方式让老百姓接受，并通过制度持久地贯彻执行下去。具体来说，也就是将当代中国的马克思主义，即中国特色社会主义理论体系，以制度化形式通过内容的通俗化、对象的层次化、方式的生活化以及手段的信息化，与广大民众的经济生活、政治生活、文化生活等一切日常的生活、工作和学习紧密地联系在一起，并被人民群众普遍乐意地接受与认同。当代中国马克思主义大众化运行制度化就是使当代中国的马克思主义，即中国特色社会主义理论体系通过制度化手段走向大众，并逐步规范化、有序化，从不固定的形式转向固定模式的过程。

二、当代中国马克思主义大众化运行制度化的意义

对于制度组织建设的作用意义问题，道格拉斯·诺斯和罗伯斯·托马斯在《西方世界的兴起》一书中讲道，“一个有效率的经济组织在西欧的发展正是西方兴起的原因所在”，换句话说，就是“有效率的经济组织是经济增长的关键”。[①]从表面上来看，刘易斯经济发展理论、诺斯的制度变迁理论和“李约瑟难题”理论，它们关心的领域似乎天差地远，但深究之后，我们可以发现三者理论中的同构性，即制度对人的刺激与约束，对人的目标和行为施加的重大影响。人们对资本积累、技术创新的态度直接决定了经济增长。这说明制度在社会发展中的地位极其重要。

那么，当代中国马克思主义大众化运行制度化究竟有何意义呢？

第一，有利于推动当代中国马克思主义大众化走向规范化。

推动当代中国马克思主义大众化必须讲究方式上的生活化，紧密与广大群众的生活实际相结合，贴近生活、贴近实际、贴近人民群众，但要注意这绝不是迎合个人的需要。因为不同的个体其需要是有区别的，甚至可以说是千差万别，要解决这些问题，就需要我们的理论工作者起到引导与引领的作用，使之逐步走向规范化，从而真正使马克思主义理论宣传教育工作上一个新的台阶。我们要懂得只有实施马克思主义大众化方式上的生活化，并使之规范化、制度化，才能真正使马克思主义大众化，使大众化

① [美]道格拉斯·诺斯，罗伯斯·托马斯：《西方世界的兴起》，厉以平，蔡磊，译，北京：华夏出版社2017年版，第5页。

的马克思主义被群众所接受，使大众化的中国特色社会主义理论起到引领群众的作用。这是中国新民主主义革命的成功经验，也是中国社会主义建设和改革不断取得胜利的重要“精神力量”。

第二，有利于推动当代中国马克思主义大众化的科学化。

虽然推动当代中国马克思主义大众化必须讲究内容上的通俗化，但绝不是把马克思主义媚俗化、庸俗化，而是使抽象的马克思主义理论，纯理性的东西能够同广大的人民群众进行沟通，让广大的民众都能够听得懂、听明白。正如列宁所指出的:“庸俗化和浅薄同通俗化相差很远。通俗作家应该引导读者去了解深刻的思想、深刻的学说，他们从最简单的、众所周知的材料出发，用简单易懂的推论或恰当的例子来说明从这些材料得出的主要结论，启发肯动脑筋的读者不断地去思考更深一层的问题”，而“在庸俗作家的眼里读者都是一些不动脑筋，也不会动脑筋的人，他不是启发读者了解严整的科学的初步原理，而是通过畸形的简单化的充满庸俗玩笑的形式，把某一学说的全部结论‘现成地’奉献给读者，读者连咀嚼也用不着，只要囫囵吞枣就行了”。[①]

我们推动当代中国马克思主义大众化必须讲究内容上的通俗化，就是为了使社会不同文化程度的成员都能够提高认识，树立远大的理想，增强凝聚力。我们必须认识到只有把马克思主义理论通俗化，让更多的人从内心深处去接受，并将其制度化，才不至于流于一时的形式，才能够真正做到马克思主义大众化。我们只有通过制度化使全体民众普遍认同和真正信仰当代中国的马克思主义，才能充分发挥当代中国的马克思主义的巨大作用，实现改造社会、改造世界的目的，推动中国特色社会主义的建设和改革。

第三，有利于找准推动当代中国马克思主义大众化的切入点，普及对当代中国马克思主义大众化理论的宣传与教育，适应不同层次群体的需要，完善理论宣传、教育与学习机制。

推动当代中国马克思主义大众化必须讲究对象上的层次化，针对对象上的差异性，采取不同的方式方法、不同的形式，在不同时间段来进行马

---

①《列宁全集》第5卷，北京：人民出版社1959年版，第278—279页。

克思主义理论的学习与宣传教育。我们要求实客观地考虑到文化程度的不同、职业行业的不同、经济状况政治地位的不同，以及谋生手段生存状况的不同等来进行马克思主义的大众化学习与宣传教育。只有这样才能真正做到对马克思主义大众化学习与宣传教育的普及化；才能适合各种阶层群体的需要，并使之制度化；才能真正实现当代中国马克思主义的大众化，积极有效地推动当代中国马克思主义大众化的普及化。

第四，有利于在进行马克思主义大众化运行制度化的同时进一步推动当代中国马克思主义大众化自身的制度化建设，并发挥其长效机制。

推动当代中国马克思主义大众化必须讲究手段上的信息化，使全党和全国人民迅速掌握马克思主义的最新理论，用中国特色社会主义理论体系武装全国各族人民。我们只有在实施马克思主义大众化的过程中，采用最现代的手段，才能让大众尽快接受与传播马克思主义，并使之制度化，才能够真正实现当代中国马克思主义的大众化。

随着全球化浪潮的推进和我国改革开放的深化，国际上的文化霸权主义，即文化帝国主义逐渐凸显，各种思潮涌入中国，再像过去那样简单拒绝是不可能的，我们只有积极地面对。在这场看不见硝烟的战争中，用当代中国的马克思主义即中国特色社会主义理论体系占领意识形态领域的阵地，引领和团结全体社会成员，击败各种反马克思主义思潮，才能实现中华民族的伟大复兴。在推动马克思主义大众化的实践过程中完善理论宣传教育工作，有利于进一步推动当代中国马克思主义大众化自身的制度化建设，并发挥其长效机制效应。

第五，有利于对当代中国马克思主义大众化一系列成果的固化，提高和增强党的执政能力，进一步巩固中国特色社会主义制度。

推动当代中国马克思主义大众化，必须重视与注意在从事推动当代中国马克思主义大众化的规范化、科学化、普及化、信息化、层次化、通俗化、生活化等的制度化的实践活动中一系列经验成果的总结与固化。我们只有对马克思主义大众化的成果从制度上来总结与规范，才能使大众化的马克思主义得以普及与推广；才能使马克思主义大众化持续地进行下去；才能使马克思主义大众化的成功经验得以不断地运用，从而进一步推动马克思主义的大众化；才能使马克思主义大众化的行为与做法得以巩固；才能使政府管理、执政党执政越来越科学化与规范化，使当代中国马克思主义大众化真正植根于广大民众之中，使当代中国的马克思主义——中国特色社会主义理论体系真正富有生机与活力，引领社会的发展方向，引导大众走向中国特色社会主义建设与改革的洪流之中，为推动马克思主义的大众化发挥自己应有的作用与贡献。

三、推动当代中国马克思主义大众化运行制度化的路径

（一）加强与推动当代中国马克思主义大众化理论学习的制度化

在理论学习方面不论中央还是地方一直都抓得很紧。在建党初期，由于条件限制，只能零星地学习中共中央发到地方的《向导》《中央通讯》等刊物上登载的理论文章。在延安时期，毛泽东同志就强调："我们队伍里边有一种恐慌，不是经济恐慌，也不是政治恐慌，而是本领恐慌。"消除恐慌的方法"就是学习本领，这是我们许多干部所迫切需要的"。[①]

十一届三中全会以后，随着改革开放的深入发展，我们党对马克思主义理论的学习逐渐走向规范化与制度化。

毛泽东早就强调高层领导干部的学习是一个传统。从2002年12月26日到2007年12月18日，近五年时间中央政治局共集体学习46次，2008年1月29日至2009年2月24日，一年多时间集体学习10次，可见频率之高，间隔之短。这是适应时代的需要，建设学习型政党的举措。理论学习的制度化，有力地推动了当代中国马克思主义大众化的制度化。

（二）加强与推动当代中国马克思主义大众化理论宣传的制度化

我们党在理论宣传方面也是很有建树的，更多的理论宣传与教育主要依赖于各级党校，各级机关宣传部门和讲师团，以及高校的宣传部门和政治教育院系、马克思主义理论教研部、人文社科部等。

①《毛泽东文集》第2卷，北京：人民出版社1993年版，第178页。

1987年10月，党的十三大报告初步系统地阐述了社会主义初级阶段理论，之后全国党校纷纷举办党政领导干部培训班、专修班、读书班，开展党员教育活动等。

从出版宣传角度来看，推动当代中国马克思主义大众化理论宣传的制度化机制越来越成熟，这有利于进一步宣传当代中国的马克思主义理论。

20世纪90年代初，中共中央宣传部编写了《关于社会主义若干问题学习纲要》等，之后，在"三讲"教育活动中，中共中央党校出版社又出版了《"三讲"教育学习读本》，在党内开展"讲学习、讲政治、讲正气"党风党性教育。中宣部还于1995年5月10日印发了《邓小平同志建设有中国特色社会主义理论学习纲要》，2003年6月8日，中共中央又印发了《"三个代表"重要思想学习纲要》，2004年12月，党建读物出版社出版了中央保持共产党员先进性教育活动领导小组办公室编写的《保持共产党员先进性教育读本》，2006年6月、2008年10月中共中央宣传部两次印发关于认真组织学习《科学发展观学习读本》的文件和通知等。中宣部理论局从2005年开始编写当代中国马克思主义理论系列通俗读物，如《理论热点面对面》，每年一本，由学习出版社和人民出版社出版。2008年7月广东人民出版社出版了《理论茶点大家"叹"》，2008年9月中共中央党校出版社出版了《中国特色社会主义理论体系学习读本》，2009年1月和5月学习出版社分别出版了《社会主义核心价值体系学习读本》和《六个"为什么"——对几个重大问题的回答》等。此外，还定期或不定期出版许多学者个人主编的一系列带图片解读经典理论的著作。这些无疑进一步推动了马克思主义理论大众化宣传，也进一步推动了马克思主义大众化的制度化。

（三）加强与推动当代中国马克思主义大众化理论研究的制度化

不论从邓小平理论、"三个代表"重要思想和科学发展观的理论研究来看，还是从其教学研究及实施的"三进"战略即进教材、进课堂、进头脑来说，马克思主义大众化都越来越规范化与制度化，相应教学与研究成果不计其数。同时，这也进一步推动了青年马克思主义者培养工程的建设。

（四）加强与推动当代中国马克思主义大众化机构建设及职能建设的制度化

1.加强与推动当代中国马克思主义大众化机构建设的制度化

制度是要求大家共同遵守的办事规程和行动准则，带有根本性、全局性、稳定性和长期性的特征。制度建设在社会主义现代化建设中极为重要，推动马克思主义大众化制度化建设更为重要。出台一项制度不易，落实一项制度更不易。

当代中国马克思主义大众化制度化建设存在的主要问题，首先是思想认识不到位，其次是研究宣传学习不到位，再次就是贯彻落实不到位。当代中国马克思主义大众化制度化建设从其机构来看，原有的各级宣传部门、讲师团等是健全的，各级党校系统也是齐全的，各高校的宣传部门、高校公共政治理论课教研部（马克思主义理论教研部）等也是健全的，但是，马克思主义大众化的制度化建设是不明确的，其任务是艰巨的。目前存在的最为突出的问题就是：没有一个明确的推动马克思主义大众化制度化的职能部门，没有一个明确的组织机构进行监督与保障。

因此，笔者认为，为了更好地推动马克思主义大众化制度化建设，可在大中专院校建立类似于过去的“文明办”，作为普及马克思主义大众化的组织机构，并使之制度化。同时，在各级政府行政机关建立“普及马克思主义大众化”的相应组织机构，也使之制度化。只有由推动马克思主义大众化的组织机构来保证和督促执行，马克思主义大众化制度化建设才能更好更有效地坚持和贯彻下去。

推动马克思主义大众化的制度化，我们必须从政治理论学习宣传上加以重视，也需要有组织机构的保障，并使之制度化，这样才能有效推动与实施马克思主义大众化的制度化建设。

2.加强与推动当代中国马克思主义大众化职能建设的制度化

在高校和党政机关建立相应的当代中国马克思主义大众化的组织机构，并从制度上给予规范，对于推动马克思主义的大众化无疑起到积极的作用，同时也应高度重视社会机构及民众活动的制度化功能。

充分发挥工会的效能，推动工会组织的全民读书月活动与学习和推动马克思主义大众化相结合活动制度化；充分发挥广大青年的积极性，推动大学生暑期实践活动与传播马克思主义大众化相结合活动制度化；大力推动各级马克思主义大众化理论宣讲团活动制度化；继续搞好与推动文艺会演"三下乡"活动与推动马克思主义大众化相结合活动制度化；广泛推动电影电视音像节目的播放与宣传马克思主义大众化节目相结合活动制度化；组织好出版事业与扶持马克思主义大众化理论研究和建设工程相结合制度化；积极宣传办好街道党建网、网上党校与推动马克思主义大众化相结合活动制度化；等等。只有全面推动马克思主义大众化制度化机构职能建设，才能更好地实现当代中国马克思主义大众化，推动马克思主义大众化的制度化建设。

（五）加强与推动当代中国马克思主义大众化队伍建设的制度化

关于当代中国马克思主义大众化理论队伍建设问题，我们党一直比较重视。

20世纪八十年代末九十年代初，东欧剧变、苏联解体，国际形势变幻莫测，我们党和国家经历了严峻考验。邓小平指出："十年来我们最大的失误是在教育方面，对青年的政治思想教育抓得不够，教育发展不够。"[①]要抓紧抓好思想政治教育，稳定大局。2000年以来，许多党校一方面提高行政队伍的学历层次，另一方面也进一步提高行政机关工作人员的马克思主义理论水平，提高高校行政管理人员、马克思主义理论教学研究人员的党性与觉悟程度。在省、市机关除了理论宣传机构外，还有五六十年代就有的讲师团理论教育宣传队伍。高校、行政机关都有一支马克思主义理论队伍，在不断地宣传与研究马克思主义。我们应该认识到，在教育和科研第一线的政治理论教育教学和科研工作者是推动马克思主义大众化的主力军；各级党政领导干部和各级党务工作者是推动马克思主义大众化的核心力量；文艺文化工作者是推动马克思主义大众化的重要力量。

①《邓小平文选》第3卷，北京：人民出版社1993年版，第287页。

我们知道，百年大计，教育为本；教育大计，教师为本。江泽民同志讲："在我们党领导的各条战线中，宣传思想战线是一条十分重要的战线。在我们党的各级领导机关中，宣传思想工作部门是一个十分重要的部门。在我们党的干部队伍中，宣传思想工作队伍是一支十分重要的力量。"[①]同时，我们还应该认识到，要做好推动马克思主义大众化这一工作，除了理论工作者的努力外，马克思主义大众化的指导者、组织者、管理者的参与也必不可少。但是，目前大家还没有深刻认识到推动马克思主义大众化与自我的关系与责任，更没有认识到推动马克思主义大众化必须使之制度化。所以，必须加强推动马克思主义大众化理论研究队伍的制度化建设。

（六）推动当代中国马克思主义大众化运行制度化的现实做法

过去实行的"三讲"教育，以及"先进性"教育和全面贯彻与落实科学发展观活动，都有力地推动了当代中国马克思主义的大众化。另外，在干部晋升考评中，除了考查基本的专业知识、法学知识以外，还考核马克思主义的基本原理等，以及在各单位各级组织中保持原有的每周学习制度，都有力地推动了马克思主义的大众化，加速推进了马克思主义大众化制度化建设。在此基础上，我们还应该进一步做出以下努力。

首先，发挥各级党组织的作用，各级党组织中心组学习制度需严格执行，推动马克思主义大众化制度的实施。

其次，促进"青年马克思主义者培养工程"制度化，推动马克思主义的大众化。只有使青年人成为马克思主义的信仰者、研究者，社会主义事业才能真正后继有人，马克思主义大旗才能真正高举，马克思主义的大众化制度化建设也才能真正实施。

再次，充分发挥各级党校的作用，发挥大中专学校的党校、中小学校的党校与团校以及各种社团组织的作用，推动马克思主义大众化，并加以制度化。

最后，在高校实施辅导员专业化、职业化建设，培养研究型、真心信马克思列宁主义的年轻队伍，并使之制度化。高校辅导员本身就是一个年

① 江泽民：《论党的建设》，北京：中央文献出版社 2001 年版，第 124—125 页。

轻的队伍，同时他们也在时时刻刻影响着一群群更为年轻的人，因此，对于高校辅导员团队的教育与培养就显得尤为重要。

总之，我们在推动马克思主义大众化方面已有许多规章制度，也开展过相关的活动，但是，关键是如何进一步使这些规章制度真正落到实处，如何使这些活动制度化，并持久地运行。

[本文刊载于《淮南师范学院学报》2009年第6期]

关于“社会主义”内涵的思考

在全党和全国人民学习《邓小平文选》的活动热潮中，关于“什么是社会主义”的问题已成为人们学习和领会的一个重点。目前，许多同志对于“怎样建设社会主义”论述得较多，但对与其相关、有机统一的“什么是社会主义”问题则论述得较少。从仅有的有关论述来看，对此问题的回答往往不够精当，不能加深人们对邓小平关于社会主义本质论述的理解，甚至把他已经讲得比较明晰的问题弄得模糊，难以把握。为此，以下就社会主义概念的内涵问题谈谈自己的粗略看法。

首先，所谓“概念”是反映对象的本质属性的思维形式，人们通过实践，从对象的许多属性中，撇开非本质属性，抽出本质属性概括而成概念。同时，概念不是永恒不变的，而是随着社会历史和人类认识的发展而变化。这就要求我们对社会主义内涵的理解或在给社会主义概念下定义时既要反映社会主义的本质内容，又要跟上时代的步伐。同时，还应当认识到社会主义概念的内涵将会随着社会实践的深入而不断发展。

其次，就社会主义演进的历史过程及其概念的演变来看，其内涵是不断丰富和发展的。

“社会主义”一词最早来源于古拉丁文“Socialis”，即“同伴”“喜好社交”等意思，后来逐渐演变，直到19世纪初才指称一种社会制度。早期思想家对社会主义的理解和认识过程，可以用文字简明表示，即：同伙—集体的生活—人的社会性—社会制度。其制度内涵包括：资本公有；人与人之间有组织联系、联合；改善众多贫困人口的命运。这里我们可以看出，19世纪初的空想社会主义者对社会主义的理解较为充分，具有一定的科学性；当然，在历史观上他们仍然是唯心的，仍然摆脱不了历史的局限性。不过，三大空想社会主义者对于资本主义的揭露和批判还是淋漓尽致的。

马克思和恩格斯正是吸取了三大空想社会主义者的“启发工人觉悟的极为宝贵的材料”以及“积极的主张和天才的预测”的思想，结合自己的社会实践，才创立了科学社会主义学说。

1847年，恩格斯在《共产主义原理》一文的开头指出：“共产主义是关于无产阶级解放的条件的学说。”[①]在这之前，马克思、恩格斯曾在合著的《德意志意识形态》一书中写道：“共产主义是用实际手段来追求实际目的的最实际的运动。”[②]后来，马克思、恩格斯分别在其他的演说或文章中又多次论述这个问题。“共产主义否认阶级存在的必要性；它要消灭任何阶级，消除任何阶级的差别。”[③]“这种社会主义就是宣布不断革命，就是无产阶级的阶级专政”[④]，“现代社会主义力图实现的变革，简言之就是无产阶级战胜资产阶级，以及通过消灭任何阶级差别来建立新的社会组织”[⑤]。从这里可以看出，马克思、恩格斯在原著中对于社会主义的理解可概括为这样三个方面的含义：一种社会学说（或理论），一种社会运动和一种社会制度。其整个理论的内涵大多是相对于资本主义而言的，是从揭露、批判和推翻资本主义社会制度的角度加以论述的。同时可以看出，马克思、恩格斯对社会主义以及未来共产主义的制度、特征、内容等也都作了科学的论述和预见，并随着社会实践不断丰富自己的思想理论。比如，恩格斯的“条件学说”，就是针对国际共产主义运动初期，各种社会主义流派泛滥，为了使科学社会主义与其他各种非科学社会主义区别开，而作出的最简明的概括和界定。这一学说把无产阶级解放运动与共产主义紧密联系起来了。后来，随着工人运动的发展，恩格斯又把“性质”“目的”

---

①《马克思恩格斯选集》第1卷，北京：人民出版社1995年版，第230页。

②《马克思恩格斯全集》第3卷，北京：人民出版社1960年版，第236页

③《马克思恩格斯全集》第4卷，北京：人民出版社1958年版，第535页。

④《马克思恩格斯选集》第1卷，北京：人民出版社1995年版，第462页。

⑤《马克思恩格斯全集》第18卷，北京：人民出版社1964年版，第610页。

纳入其中，紧紧将理论与工人运动实践相结合，把无产阶级的当前利益和长远目标结合起来，进一步推动国际工人运动的发展。

后来的马克思主义者，继续传播科学社会主义学说，极力倡导和推动社会主义运动，并且把马克思主义与本国的具体革命实际相结合，终于使社会主义史上发生了第二次伟大的飞跃，社会主义由理论变为现实。

不过，不论是列宁还是毛泽东，对于社会主义的阐述，在革命和建设两个不同的时期都是有所不同的，提出的方针政策及工作重心也是不同的。在社会主义革命时期，他们对社会主义的认识与马克思、恩格斯是一致的，较多地注重革命运动和阶级斗争。譬如，1913年列宁在《谈话》一文中就指出过，“社会主义是现在的无产阶级为了达到自己的根本目标而进行的阶级斗争”①。1939年12月21日，毛泽东《在延安各界庆祝斯大林60寿辰大会上的讲话》中说道：“马克思主义的道理千条万绪……根据这个道理，于是就反抗，就斗争，就干社会主义。”②但是，随着无产阶级政权的确立和社会主义建设的开始，他们的观念很快就转到经济建设上来了。有的学者在把握社会主义这一内涵时，恰恰忽视了这一点，忽视了社会主义本身就是一个动态的过程——由低级阶段向高级阶段不断运动。

再次，从列宁等马克思主义者对社会主义的认识不断深化的过程来看，社会主义的内涵是动态的，是需要紧密结合社会实践，不断加以完善和发展的。

社会主义不论就其制度还是其理论来说，都是个动态过程，都是需要在社会实践中不断进行完善的，否则，就会失去理论的先导性和科学性，就会失去制度的优越性。任何一种社会制度，如不加以不断改革完善就必然会陋弊百出，最终被历史所淘汰，社会主义也不例外，它必须跟上时代的步伐，跟上世界文明的发展趋势。

1918年，列宁在《苏维埃政权的当前任务》一文中指出：“在任何社会主义革命中，当无产阶级夺取政权的任务解决以后……这个根本任务就

①《列宁全集》第23卷，北京：人民出版社2017年版，第54页。

② 中国人民解放军总政治部编：《毛主席论党的建设》，天津：天津人民出版社1966年版，第29页。

是：提高劳动生产率。”[1]后来，他又多次强调了发展生产力的重要性。但是，我们也应该看到列宁不仅从生产力方面，还从生产关系、精神文明建设和对资本主义批判地继承等方面对社会主义进行详细全面的论述。1917年4月，列宁在《无产阶级在我国革命中的任务》一文中就讲道：“人类从资本主义只能直接过渡到社会主义，即过渡到生产资料公有和按每个人的劳动量分配产品。”[2]1923年1月，列宁在《论合作制》一文中又指出：“社会主义的发展，与此同时我们不得不承认我们对社会主义的整个看法根本改变了。这种根本的改变表现在：从前我们是把重心放在而且也应该放在政治斗争、革命、夺取政权等等方面，而现在重心改变了，转到和平的‘文化’组织工作上去了。”[3]这里的“文化”与“文明”是同义的。其实，对于什么是社会主义、社会主义如何建设的问题早在俄国革命胜利的初期，列宁就在《苏维埃政权的当前任务》一文的大纲中提出了一个著名的公式：“乐于吸取外国的好东西：苏维埃政权＋普鲁士的铁路秩序＋美国的技术和托拉斯组织+美国的国民教育等等等等＋＋＝总和＝社会主义。”[4]

毛泽东在社会主义建设的初期，在《在最高国务会议上的讲话》和《论十大关系》中，结合中国的实际提出了一系列不同于革命时期的新看法：“社会主义革命的目的是为了解放生产力。”[5]“一切民族、一切国家的长处都要学，政治、经济、科学、技术、文学、艺术的一切真正好东西都要学。”[6]这与列宁的著名社会主义公式是完全一致的。

继毛泽东之后，中国共产党的领导人，由于有了国际社会主义实践正反两方面的经验和中国社会主义建设数十年的成就与教训，坚持理论与实践相结合，对社会主义的认识越来越深刻，越来越全面，系统地提出了建设中国特色社会主义理论，使人们对社会主义的认识和理解不再模糊。

---

①《列宁全集》第34卷，北京：人民出版社1985年版，第168页。

②《列宁选集》第3卷，北京：人民出版社1995年版，第64页。

③《列宁选集》第4卷，北京：人民出版社1995年版，第773页。

④《列宁全集》第34卷，北京：人民出版社1985年版，第520页。

⑤《毛泽东文集》第7卷，北京：人民出版社1999年版，第1页。

⑥《毛泽东文集》第7卷，北京：人民出版社1999年版，第41页。

无论是列宁、毛泽东还是邓小平，在社会主义建设问题上，都有一个共同的看法，这就是：真正的马克思主义者，从来不囿于经典作家的某句话，而是全面准确地领会其精神实质，紧紧抓住时代的脉搏，面向现实，实事求是，大胆地吸收和利用人类一切优秀遗产，大力发展生产力。这是社会主义能够最终战胜资本主义的最佳途径和必由之路。

对此，邓小平同志曾多次强调："世界在变化，我们的思想和行动也要随之而变。"①"固定的模式是没有的，也不可能有。""革命是这样，建设也是这样。"②如何改变中国的落后状况呢？邓小平同志讲道："学习先进，才有可能赶超先进。""任何一个民族、一个国家，都需要学习别的民族、别的国家的长处，学习人家的先进科学技术。"③这些新思想，正是结合和平与发展是世界主题这个国际新时代的特点和我国具体实际而提出的，为社会主义真正赋予了新的内涵和新的活力。

究竟什么是社会主义呢？其实，邓小平同志已明确地指出过："我们执行对外开放政策，学习外国的技术，利用外资，是为了搞好社会主义建设，而不能离开社会主义道路。我们要发展社会生产力，发展社会主义公有制，增加全民所得。我们允许一些地区、一些人先富起来，是为了最终达到共同富裕，所以要防止两极分化。这就叫社会主义。"④后来，他又在南方谈话中进一步论述了社会主义的本质、"三个有利于"标准等问题，这与马克思、恩格斯的思想和列宁的社会主义公式都是一致的。正如马克思、恩格斯一再声明的：我们"没有提出任何一劳永逸的现成方案"⑤，"这些原理的实际运用，正如《宣言》中所说的，随时随地都要以当时的历史条件为转移"⑥。同时，这也为我们在新时期正确理解社会主义的概念内涵作出了更为明确的界定。

综上所述，社会主义就是关于对资本主义的积极扬弃，解放生产力，

①《邓小平文选》第3卷，北京：人民出版社1993年版，第274页。

②《邓小平文选》第3卷，北京：人民出版社1993年版，第292页。

③《邓小平文选》第2卷，北京：人民出版社1994年版，第91页。

④《邓小平文选》第3卷，北京：人民出版社1993年版，第195页。

⑤《马克思恩格斯全集》第36卷，北京：人民出版社1975年版，第419页。

⑥《马克思恩格斯选集》第1卷，北京：人民出版社1995年版，第248页。

发展生产力，消灭剥削，消除两极分化，最终达到共同富裕的一种社会学说和社会制度。

下文进一步探讨社会主义新概念内涵提出的理由和意义。

第一，这一新概念内涵是对科学社会主义理论最新的概括。它尊重了马克思、恩格斯的原意，还把理论的科学性和社会主义的实践性融为一体。社会主义应当对已有几百年发展历史并创立了第一个世界性文明的社会——资本主义社会的一切文明成果进行大胆而又积极主动的利用和继承，对此马克思、恩格斯和列宁的看法都是非常肯定和明确的。“物质的生产是如此，精神的生产也是如此。”[①]

从基本概念本质内涵来说，它与经典作家所论述的社会主义本质内涵是一致的：消灭私有制，消灭剥削，消除贫富两个极端的积累，并在此基础上实现生产力的极大发展和人的全面发展。它既突出了社会主义的本质，又体现出社会主义目前的迫切要求以及根本任务就是发展生产力，同时，实行公有制经济和按劳分配为主体，非公有制经济和其他分配方式是必要的补充的制度。这使社会主义的近期目标和最终目的得以统一，另外也突出了人类社会更替的最终决定力量——生产力。明确了社会主义建设和改革的方式方法及其道路，使社会主义改革的性质、条件和目的得以一致，融为一体，最终为向共产主义过渡创造条件。

第二，这一新概念内涵尊重和反映了社会主义自身演变的历史和发展变革的历程。社会主义就是在适应发展变化的基础上产生的，也是在不断地批判资本主义的过程中逐步完善的，同时，也是在对人类一切优秀遗产的继承过程中发展的。

“资产阶级，由于开拓了世界市场，使一切国家的生产和消费都成为世界性的了。”[②]经济全球化、信息网络化趋势越来越明显，社会主义学习、利用和借鉴资本主义已是现实的必然要求，也是历史发展的必然规律。

从人类社会自身的发展过程来看，本来就具有延续性和继承性，这在

①《马克思恩格斯选集》第1卷，北京：人民出版社1995年版，第276页。

②《马克思恩格斯选集》第1卷，北京：人民出版社1995年版，第276页。

社会制度交替时期显得特别突出，在新的社会制度确立的初期甚至还表现出制度融合现象。资本主义利用封建社会的一切成果，同时，还向社会主义学习，结果极大地推动了生产力的发展。这对于跨越“卡夫丁峡谷”的东方社会来说是最有力的证明和极好的启示。马克思也曾告诫过我们：“历史不外是各个世代的依次交替。每一代都利用以前各代遗留下来的材料、资金和生产力；由于这个缘故，每一代一方面在完全改变了的环境下继续从事所继承的活动，另一方面又通过完全改变了的活动来变更旧的环境。”①

马克思主义者从来不满足于现状，社会主义不仅是资本主义的对立物、取代物，它还是资本主义的继承物，更是资本主义的创新物。一句话，社会主义就是对最完备也是最后一个私有制社会——资本主义的辩证否定，即扬弃。这对于建立社会主义市场经济，建立社会主义物质文明和精神文明都将产生巨大的推动作用。

第三，这一新概念内涵充分体现了社会主义的本质，既合乎定义逻辑的要求也合乎历史逻辑的要求。从定义逻辑来说，它把社会主义本质纳入其中，表明了社会主义与资本主义的区别。同时，也与其他各种非科学社会主义划清了界限。它克服了过去仅从生产力或生产关系等单一角度下定义的片面性，新概念内涵易被东西方工人阶级和广大群众所把握和接受，具有号召力，富有现实感，便于操作。它把社会主义任务与共产主义理想建立在“现实”与“科学”的基础之上。

从历史逻辑来说，社会主义是高于资本主义的一种社会形态，本应是发达成熟的资本主义国家首先走上社会主义道路，然而历史的发展往往是戏剧性的，历史的进步总是包含着各种矛盾的辩证发展过程，结果社会主义在非常落后的俄国和中国等国家实现了。那么，落后的国家走上社会主义道路以后，如何建设社会主义呢？东欧剧变已给我们提供了一个很好的启示：必须积极向西方学习，尤其要结合本国国情补上经济这一课。这是社会主义巩固和发展的大问题。正如邓小平同志指出的：“坚持改革开放

①《马克思恩格斯选集》第1卷，北京：人民出版社1995年版，第88页。

是决定中国命运的一招。”[①]经过十多年的改革，“中国和越南在成功推进了社会主义转变的同时，还迅速改善了人民生活水平，这与迄今为止苏联东欧的经济倒退形成了鲜明对照”[②]。“东亚为世人提供了令人信服的经验。最重要的是，成功的东亚经济向新思想、新技术以及出口竞争敞开了大门”，这“主要依赖于如何加以利用”。[③]

当今世界日新月异、突飞猛进地发展，“西方好的东西，应该借鉴、学习”[④]。从事社会主义理论研究的工作者，“要赶上时代，这是改革要达到的目的”[⑤]。

今天，我们在学习《邓小平文选》活动中，是把其新思想套到马克思主义理论的框架里去，还是以马克思主义为指导，认真学习其新理论，领会精神实质，解决现实问题，推动社会主义改革，这是科学与非科学的态度取向问题。过去我们党要求对毛泽东思想完整、准确和全面地把握，这种方法对于理解和把握邓小平理论也仍然是适用的。总之，如果我们“不以新的思想、观点去继承、发展马克思主义，不是真正的马克思主义者”[⑥]。

[本文刊载于《芜湖师专学报》(哲学社会科学版)1996年第2期]

①《邓小平文选》第3卷，北京：人民出版社1993年版，第368页。

② 尹庆军：《应从东亚成功中吸取的经验》，《当代世界社会主义问题》1994年第3期，第55页。

③ 尹庆军：《应从东亚成功中吸取的经验》，《当代世界社会主义问题》1994年第3期，第57页。

④《邓小平文选》第3卷，北京：人民出版社1993年版，第211页。

⑤《邓小平文选》第3卷，北京：人民出版社1993年版，第242页。

⑥《邓小平文选》第3卷，北京：人民出版社1993年版，第292页。

从“得失”标准发展的过程看邓小平理论的旗帜地位不可动摇

江泽民同志在党的十五大报告中指出：“在社会主义改革开放和现代化建设的新时期，在跨越世纪的新征途上，一定要高举邓小平理论的伟大旗帜，用邓小平理论来指导我们整个事业和各项工作。这是党从历史和现实中得出的不可动摇的结论。”[①]为我们找到了武装全党全国人民的思想理论武器，对中国今后的改革和建设无疑有巨大的指导意义。为了论述方便，笔者在此主要论述改革开放前后检验我党工作“得失”标准形成发展的历史过程，阐明“邓小平理论”提法的科学性及其在中国改革建设中的旗帜地位的不可动摇性。

一、邓小平理论的科学性

我们知道，邓小平理论确立的总体依据、哲学基础就是解放思想、实事求是。这是我们党在马克思主义理论指导下，结合中国的具体实际所得出的正确思想路线，是我们党制定一系列理论方针政策的前提和保证。正是从这一角度，邓小平《解放思想，实事求是，团结一致向前看》这篇著名讲话，可谓开创新时期的宣言书。这也说明了邓小平同志是一个“求实”的马克思主义者，实事求是贯穿邓小平全部思想的始终，也成为他观

① 江泽民：《高举邓小平理论伟大旗帜，把建设有中国特色社会主义事业全面推向二十一世纪——在中国共产党第十五次全国代表大会上的报告（1997年9月12日）》，《人民日报》1997年9月22日，第1版。

察一切问题的根本方法，这使他能够不唯书，只唯实，实现拨乱反正。

邓小平同志一直旗帜鲜明地强调解放思想，实事求是。1977年4月10日之后，他多次谈到“求实”精神，要求完整准确地把握马克思主义。在党的十届三中全会上他就讲道：“对我们党的现状来说，我个人觉得，群众路线和实事求是特别重要。”[①]正是在邓小平批判“两个凡是”和倡导“实事求是”的思想指导下，1977年12月，中央党校组织一千多名干部学员总结和研究了“文化大革命”的经验教训。1978年3月26日《人民日报》发表了《标准只有一个》的文章，明确提出只有实践才是检验真理的标准。后来，南京大学胡福明先生撰写了《实践是检验真理的标准》，经过多次讨论，十易其稿，由当时任中央党校副校长的胡耀邦同志亲自审定，取名《实践是检验真理的唯一标准》，同年5月11日《光明日报》以特约评论员文章形式发表。之后，各家报刊相继全文转载。这就粉碎了“四人帮”套在人们精神上的枷锁，人们解放思想，敢于触及所谓“禁区”，勇于研究和探索新问题。这次关于真理标准问题的大讨论，也是自延安整风运动以来又一次规模较大、影响较为深远的马克思主义思想路线教育运动，真正拉开了思想解放运动的序幕，也拉开了中国改革开放的序幕，冲破了长期“左”的错误及个人崇拜的束缚，使人们从教条主义的禁锢中解放出来。对于全国发表的560多篇讨论“真理标准”问题的文章，邓小平同志作了充分的肯定：“目前进行的关于实践是检验真理的唯一标准问题的讨论，实际上也是要不要解放思想的争论。”“关于真理标准问题的争论，的确是个思想路线问题，是个政治问题，是个关系到党和国家的前途和命运的问题。”[②]这为党的十一届三中全会的胜利召开，把马克思主义与中国实际相结合作了充分的理论准备，重新确立了实事求是的思想路线。

实践标准的确立，推动了社会主义的改革与建设。实践是人们有目的地能动地改造和探索现实世界的一切社会性的客观物质活动，实践标准就是以实践的结果检验人们的目的、计划、方法是否正确，是否符合客观规

①《邓小平文选》第2卷，北京：人民出版社1994年版，第45页。

②《邓小平文选》第2卷，北京：人民出版社1994年版，第143页。

律。这为人们思想的解放打开了缺口，成为人们认识的目的。正是有了实践这一标准，邓小平同志才提出了生产力标准以及后来的“三个有利于”标准。其实关于“三个有利于”判断标准的思想，早在1978年，邓小平同志就阐述过。“按照历史唯物主义的观点来讲，正确的政治领导的成果，归根结底要表现在社会生产力的发展上，人民物质文化生活的改善上。”①“今后，政治路线已经解决了，看一个经济部门的党委善不善于领导，领导得好不好，应该主要看这个经济部门实行了先进的管理方法没有，技术革新进行得怎么样，劳动生产率提高了多少，利润增长了多少，劳动者的个人收入和集体福利增加了多少。各条战线的各级党委的领导，也都要用类似这样的标准来衡量。”②1980年，邓小平在会见几内亚总统时强调：“社会主义经济政策对不对，归根到底要看生产力是否发展，人民收入是否增加。这是压倒一切的标准。”③1983年，邓小平同志进一步强调：“各项工作都要有助于建设有中国特色的社会主义，都要以是否有助于人民的富裕幸福，是否有助于国家的兴旺发达，作为衡量做得对或不对的标准。”④1985年他又提出社会主义的首要任务就是发展生产力，这突破了把生产关系作为衡量社会主义的标准的提法。1986年4月4日，邓小平在会见弗拉伊科维奇时谈道：“社会主义的任务就是要发展社会生产力，增强社会主义国家的力量，使人民的生活逐步得到改善，然后为将来进入共产主义准备基础。”⑤1987年3月27日，邓小平在会见喀麦隆总统比亚时又讲道：“我们评价一个国家的政治体制，政治机构和政策是否正确，关键看三条：第一是看国家的政局是否稳定；第二是看能否增进人民的团结，改善人民的生活；第三是看生产力能否得到持续发展。”⑥这些论述更加明确和突出了生产力标准，同时，也初步表达了“三个有利于”标准的思想，这一思想成为社会主义建设时期衡量改革成效、工作得失的标准。

①《邓小平文选》第2卷，北京：人民出版社1994年版，第128页。

②《邓小平文选》第2卷，北京：人民出版社1994年版，第150页。

③《邓小平文选》第2卷，北京：人民出版社1994年版，第314页。

④《邓小平文选》第3卷，北京：人民出版社1993年版，第23页。

⑤《邓小平文选》第3卷，北京：人民出版社1993年版，第157页。

⑥《邓小平文选》第3卷，北京：人民出版社1993年版，第213页。

邓小平这一思想提出，生产力标准是检验和衡量党的路线、方针、政策正确与否以及一切工作好坏、成败的根本标准。这也是实践标准在社会历史领域的具体运用与表现，是实践标准的展开、充实和深化。这也是对社会主义进行探索和认识的根本的思想武器，生产力观点更加深入人心。

当时，之所以能够把生产力标准明确写入报告，依据依然是解放思想、实事求是的思想路线，坚持实践标准。人们对于作为社会主义经济有益补充的私营个体经济存在许多不同的看法，不少人从定性角度来看待这些经济，对于积极支持、鼓励和发展私营经济和个体经济更是想不通。邓小平强调，对社会主义现代化有利还是有害，是衡量一切工作最为根本的标准，他要求人们在改革中大胆地闯，大胆地干，允许私营经济和个体经济的存在和发展，只要有利于发展生产力，对社会主义起到必要的、有益补充作用，就要加以肯定和保护。这与社会主义发展方向是一致的，也是由我国社会主义初级阶段的国情所决定的。

其实，生产力标准，实质也就是以实践为标准，它是实践标准的具体化，这与马克思主义的生产力观是一致的。如果离开这一标准，社会各项建设的成败就无从谈起，也就无法讲得清楚了。因为，社会的先进与落后、进步与发展，主要体现在物质文明与精神文明以及政治民主制度上。而最为首要的就是生产力问题，生产力的发展是物质文明突出的标志，是社会精神文明、政治民主制度发展完善的前提和基础。虽然生产力与社会制度、经济制度并非完全一致，即具有非同步性，但社会主义的发展，物质文明、精神文明以及民主政治制度的建设，与生产力发展是正相关的。

生产力标准的确立，为我们从思想上和社会行为上找到衡量得失、是非的依据，也为我们提供了观察社会各种现象的方法论原则。

随着生产力标准的确立，改革开放进一步深入发展，人们对于现实的改革做法又产生了许多新的疑问，中国的一系列大胆改革以及经济的发展究竟向何处去？有人认为搞市场经济就是走资本主义道路，是姓“资”姓“社”的问题。正当人们对现实的改革感到困惑之时，邓小平同志到南方进行实地考察，用改革的成就事实讲话。他精辟地分析了国内外形势，科学地总结了十一届三中全会以来社会主义现代化建设的基本经验，并回答了困扰人们多年的许多重大理论问题和认识问题，为我国经济体制改革确立了社会主义市场经济体制的目标模式。针对有人担心私营经济和个体经济的发展将会冲击社会主义公有制经济的问题，邓小平同志始终坚持解放思想、实事求是的思想路线，在尊重实践标准和生产力标准的基础上，又进一步明确提出“三个有利于”标准，从而破除了人们的僵化思想，使人们再次从姓“资”姓“社”的争论中解放出来。党的十五大，把邓小平理论确立为党的指导思想，并把这一理论写入党章。

邓小平的“三个有利于”标准既是生产力标准的丰富和深化，也是生产力标准具体化和大众化的表现。它也是建立在实践基础之上的，它的实质就是生产力标准，只是更为明确和具体，也可以说更为合理和科学，这是从防止有人对生产力标准片面理解和误解的角度来说的。“三个有利于”标准，指出了社会主义改革的目的和具体措施，以及当下的方针政策和长远的规划方向。正确处理局部与全局、短期与长期的关系，这是实践标准、生产力标准在社会主义改革实践中发展的结果，是对实践标准、生产力标准的具体化形式的升华。同时，它们在实质上又是完全一致的。

邓小平的“三个有利于”标准形成过程最早可以追溯到20世纪60年代的“猫论”标准。“猫论”本是四川乡村的一句俗语，农家养猫为了灭鼠，保护粮仓，讲究实用价值，因此，不管黄猫、黑猫，只要抓住老鼠就是好猫，这是人们的共识。刘伯承把这一思想运用到军事上，以打胜仗为最终目的，痛斥那些不讲实际，不顾后果的军事教条主义者。邓小平同志在1962年7月的两次讲话中引用了这一“猫论”思想，说明我国当时在农业问题上应该遵循的原则。当时党内对于农业生产的形式问题有不同看法和争议，邓小平同志认为，调整农村生产关系的目的是发展生产力。因此，不能以生产形式来作为判定是与非、好与坏的标准，不能在生产形式上搞简单划一。也就是说，农业生产组织形式以及核算方式和集体化程度的高低不是合法与否、对与不对的标准问题，共产党干部领导农业的目的，就是让老百姓有饭吃，要能够多生产粮食，这种是否“有饱饭吃”才是真正的实实在在的标准。

从“猫论”到“三个有利于”标准，充分体现了邓小平求真务实的思想方法及理论精神，为我国在21世纪立于世界先进民族之林，奠定了坚实的思想理论基础，也为我们指明了奋斗方向。其实，邓小平“得失”标准理论形成发展的历史过程，也正是中国社会主义建设不断地从迷雾中走出与发展的过程。从“猫论”、实践标准、生产力标准到“三个有利于”标准，清晰而完整地勾画出了邓小平同志不断解放思想、实事求是、勇于探索的思想发展轨迹。其“得失”标准理论的体系性、科学性是显而易见的。

“三个有利于”标准本身就是一个有机的系统，它们之间相互作用、相互依存，共同构成一个完整的生产力标准体系。“是否有利于发展社会主义社会的生产力”是最为根本、关键的问题，是“三个有利于”标准的基础和核心。因为综合国力的增强和人民生活水平的提高，都要依赖于生产力的发展，否则社会主义的优越性就成了一句空话。“是否有利于增强社会主义国家的综合国力”是这一体系的保证，一个国家在世界上的地位如何，就是取决于这个国家的综合国力的强弱。国际政治的历史表明，历来是实力政治、实力外交，弱国无外交。没有这一保证，国家主权都成了问题，还谈什么发展生产力、改善人民生活水平呢？“是否有利于提高人民的生活水平”是这一体系的出发点和归宿。社会主义的根本目的就是要达到共同富裕，要摆脱落后与贫穷，这是民族的要求，也是时代的需要。因为发展生产力、增强综合国力，其结果就是满足人民日益增长的物质文化需要，这又将会调动人民的生产积极性和创造性，推动生产力的发展和综合国力的增强。

从邓小平的“得失”标准理论的作用来看，它在中国的社会主义建设改革的每一阶段都起到了巨大的作用，并且逐步推动中国的改革向更高阶段深入发展。由“得失”标准理论体系本身可以推知，整个邓小平理论具有严密的科学性和逻辑性。所谓理论，就是系统化了的理性认识，它在社会实践基础上产生并经过社会实践的检验和证明。也就是说，一种理论必然来源于实践，同时又服务于实践。对于共产党人来说其理论必然来源于群众，同时，这种理论又服务于人民群众。任何脱离现实、脱离大众的空想理论，都必然缺乏生命力，其理论价值究竟有多大是可想而知的。而邓小平理论则深深扎根于人民群众之中的大众理论，它必然掌握于人民群众，并变成巨大的物质力量。总之，邓小平理论自成一体，其作用与地位是不容低估的。

二、邓小平理论的旗帜地位不可动摇

我们如果低估了邓小平理论的作用，没有这种具有号召力的思想理论旗帜，那么，我们至今可能还在“饥饿”“贫穷”中徘徊，在高能耗低效率中举步，在姓“资”姓“社”问题上争论不休，在“要么走社会主义道路搞计划经济，要么搞市场经济走资本主义道路”的二难推理的“怪圈”中踌躇不前，也就不会有今天的改革新成就。

中国社会主义建设和改革的历史事实告诉我们：邓小平理论的提法是科学的，对其理论价值的评价再高也是不过分的，肯定其理论具有“旗帜”的地位也是符合事实的。其理论自成体系自不待言，其范围之广、时间跨度之长、内容之丰富也属事实。正因如此，党的十五大报告明确提出高举邓小平理论伟大旗帜，并明确地把邓小平理论写入《中国共产党章程》中，与马克思列宁主义、毛泽东思想并列，充分肯定了邓小平理论的地位和作用。这是因为邓小平理论和毛泽东思想一样，是全党全国人民集体智慧的结晶，是中国社会主义建设和改革实践的产物。

“得失”标准理论就是如此。最早的“猫论”就是用老百姓的口头俗语来形象地说明实践的标准，用事实说话，从事实的结果来看问题，不是依据空洞的本本理论而是坚持实事求是的精神。它强调农业生产形式要服从于发展农业生产的目的，摆正了农业生产形式与发展农业生产之间的关系，从而使农业得以发展，使农民初步摆脱饥饿之苦。20世纪70年代末邓小平提出并确立了实践标准，摆正了理论与实践的关系，使农村改革取得可喜的成就，使农民真正彻底地从饥饿中解放出来，随着农业家庭联产承包责任制的确立和发展，乡镇企业也发展起来，改变了过去“一穷二白”的面貌。接着“包”字进城，确立有计划的商品经济的思想，初步摆正了社会主义与商品经济之间的关系，提出生产力标准，改革不适应生产力发展要求的生产关系，逐步明确了社会主义与市场经济并非对立，计划与市场都是手段。农村改革的顺利进行，推进了城市企业的改革与发展。后来，随着乡镇企业、私营经济和个体经济在国民经济中成分的不断增加，尤其是外资企业的大发展，不少人开始忧心忡忡，人们将姓“资”姓“社”问题又更加激烈地提到改革的议事日程上来，邓小平的“三个有利于”标准摆正了社会主义与市场经济的关系，明确答复了这一问题。这在一定程度上批评了那些缺少敢闯敢冒精神的人和那些思想僵化的教条主义者，从而使全党全国人民形成共识。改革的正确与否、得与失，主要“看是否有利于发展社会主义社会的生产力，是否有利于增强社会主义国家的综合国力，是否有利于提高人民的生活水平”①。符合这个标准就是坚持了改革开放，坚持了社会主义方向。邓小平从生产力是否发展和人民收入是否增加来判断改革的得与失，从生产状况，人们的积极性发挥得如何以及人民生活状况的角度来判断改革的得与失、好不好。总之，实事求是，从实际出发，要用一个综合体系标准来考察和衡量中国社会主义建设与改革，从而得出一个科学的结论。

邓小平理论是党的伟大旗帜，是我们的指导思想，这是党从历史与现实的实践中得出的科学结论。恩格斯讲过：“一个民族要想登上科学的高峰，究竟是不能离开理论思维的。”②而“每一个时代的理论思维，从而我们时代的理论思维，都是一种历史的产物，它在不同的时代具有完全不同的形式，同时具有完全不同的内容”③。今天，我们把邓小平理论作为自己的行为指南，这也是我们党基于20年改革开放和社会主义现代化建设的成功实践作出的历史性决策，反映全党全国人民的共识与心愿。邓小平理论的最大特点是务实性，特别是理论与实践的结合性，它是对马克思主义、

①《邓小平文选》第3卷，北京：人民出版社1993年版，第372页。

②《马克思恩格斯选集》第4卷，北京：人民出版社1995年版，第285页。

③《马克思恩格斯选集》第4卷，北京：人民出版社1995年版，第284页。

毛泽东思想的继承与发展，是把马克思主义与中国改革的实践相结合的产物。正是从这个意义上说，邓小平理论是当代中国的马克思主义，是马克思主义在中国发展的新阶段。

我们知道，邓小平同志既是伟大的理论家又是伟大的实践家，是一个伟大的马克思主义者，始终不渝、孜孜以求，为中华民族的独立、振兴，为社会主义改革开放和现代化建设立下了不朽的功勋。他把毕生精力献给党和人民，以人民的利益为出发点和归宿，为我们树立了榜样。邓小平理论为全党和全国人民奔向21世纪和21世纪中国经济的腾飞指明了方向，是我们前进的伟大旗帜，我们必将永远高举这一伟大旗帜，把我国建设成为富强、民主、文明的社会主义现代化国家。

同时，我们应该认识到，邓小平理论和马克思主义一样，也是一个科学的开放的体系，自始至终坚持实事求是，以客观事实为根据，它也不是一成不变的，会随着社会主义的实践而不断丰富和发展。对邓小平理论的认识要有科学的态度。对此，江泽民同志提出："在当代中国，马克思列宁主义、毛泽东思想、邓小平理论，是一脉相承的统一的科学体系。坚持邓小平理论，就是真正坚持马克思列宁主义、毛泽东思想；高举邓小平理论的旗帜，就是真正高举马克思列宁主义、毛泽东思想的旗帜。"①

新一届领导班子果敢、务实的一系列做法，正是坚持了邓小平"得失"标准的理论，机构改革即使是"地雷阵"也要义无反顾地走过去，这既是国人关注的热点问题，也是世人瞩目的焦点问题。我们靠什么把这项改革导向胜利呢？靠的就是高举邓小平理论的伟大旗帜。这次改革正是面向未来的机构改革，也是面向中华民族伟大复兴的改革。我们只有高举邓小平理论的伟大旗帜，才能统一思想、统一认识、统一步伐，增强全党全国人民的凝聚力，建立一个精干、高效的政府，树立务实、奋进的作风，把一个较为繁荣富强的中国带入新世纪。我们能否顺利地迎接知识经济时代的挑战，抓住机遇，就要看我们能否把建设中国特色社会主义事业全面

① 江泽民:《高举邓小平理论伟大旗帜，把建设有中国特色社会主义事业全面推向二十一世纪——在中国共产党第十五次全国代表大会上的报告(1997年9月12日)》,《人民日报》1997年9月22日,第1版。

推向21世纪，能否用邓小平理论武装人民。总之，我们必须牢记：始终坚持把邓小平理论作为自己的行动指南，高举邓小平理论的伟大旗帜永不动摇！

[本文刊载于《芜湖师专学报》（哲学社会科学版）1998年第4期]

邓小平政治体制改革思想浅析

◎何冬冬* 何源章

邓小平被誉为中国改革开放的总设计师，这一称号他是当之无愧的。尤其在经济体制改革方面成就卓著，这也是世人皆知，有目共睹的。在21世纪，如何进一步推动中国的改革开放，真正实现全面的小康社会，实现中国的社会主义现代化，需要进一步改革和完善政治体制，达到第三步战略目标，实现中华民族的伟大复兴。在纪念邓小平100周年诞辰之际，进一步学习和研究邓小平的政治体制改革思想具有重要的理论意义与现实意义。

在论述邓小平的政治体制改革之前，有必要首先了解一下当代中国政治体制的初步确立、发展与改革的历史沿革。

随着新民主主义革命取得决定性的胜利时刻的到来，在1949年9月，中国共产党人组织召开了由中国共产党及各民主党派、人民团体和无党派人士等各方面代表参加的中国人民政治协商会议第一届全体会议，通过了起临时宪法作用的《中国人民政治协商会议共同纲领》，确立了新中国国家政权的阶级性质，国家性质是人民民主专政的社会主义国家，新中国国家政权的组织形式是人民代表大会制度，过渡性政治体制初步形成。直到1954年9月，随着第一届全国人民代表大会的召开，中国的社会主义政治体制基本确立。也就是说，在中华人民共和国成立初期，随着人民民主专政新国体的确立，相应的国家机构和组织管理形式及其运行机制也逐渐建立。另外，中国共产党领导的多党合作和政治协商制度得到进一步的完

* 何冬冬(1990—)，男，安徽省肥东县人，巢湖学院艺术学院辅导员，思想政治理论课教师。

善，这些都标志着社会主义政治体制基本格局的形成。

1956年9月，中国共产党第八次全国代表大会召开，把全党工作的重点转向社会主义建设，初步提出体制改革的思想，调整中央与地方之间的关系，改革经济管理权力过分集中的权力体制，进一步扩大国家的民主生活，健全社会主义法制，强调注意放权，反对个人专断和个人崇拜，倡导集体领导的原则，反对官僚主义，强化对国家机关的监督，提出“长期共存，互相监督”的方针，改善党同民主党派和党外民主人士的关系，建立律师制度、公证制度等。这一切表明，中共八大对我国政治体制的完善和发展起到了积极的推动作用。

1980年邓小平指出，为了适应社会主义现代化建设的需要，为了兴利除弊，党和国家的领导制度以及其他制度，需要改革的很多。邓小平还强调，我国的人民民主专政的国家制度是好的，人民代表大会制度、中国共产党领导的多党合作和政治协商制度是我们政治体制的优点和优势，决不能丢弃。

邓小平在强调我们的政治体制优势不能丢弃的同时，又特别强调政治体制改革的必要性。邓小平也是将社会主义制度与社会主义体制区别开来的第一人，提出基本制度与具体制度的区别，为中国的政治体制改革找到了理论依据。邓小平指出，党和国家现行的一些具体制度中，还存在不少的弊端，妨碍甚至严重妨碍社会主义优越性的发挥。同时，邓小平对政治体制的弊端所造成的消极后果还进行了透彻的分析。

1980年8月18日邓小平在中共中央政治局扩大会议上的讲话中明确提出，从党和国家的领导制度、干部制度方面来说，主要的弊端就是官僚主义现象、权力过分集中的现象、家长制现象、干部领导职务终身制现象和形形色色的特权现象。官僚主义现象是我们党和国家政治生活中广泛存在的一个大问题。邓小平把其主要表现和危害具体化，主要表现为高高在上，滥用权力，脱离实际，脱离群众，好摆门面，好说空话，思想僵化，墨守成规，机构臃肿，人浮于事，办事拖拉，不讲效率，不负责任，不守信用，公文旅行，互相推诿，官气十足，动辄训人，打击报复，压制民主，欺上瞒下，专横跋扈，徇私行贿，贪赃枉法，等等。关于官僚主义邓小平还告诉我们，它是一种长期存在、复杂的历史现象，它同旧中国的官僚主义、资本主义国家的官僚主义都不同，同我们当时的社会主义制度、计划管理制度、中央高度集权的管理体制有密切关系。

关于权力过分集中现象，邓小平指出，就是在加强党的一元化领导的口号下，不适当地、不加分析地把一切权力集中于党委，党委权力又往往集中于几个书记，特别是集中于第一书记，什么事都要第一书记挂帅、拍板。邓小平得出的一个结论就是：党的一元化领导往往变成了个人领导。邓小平还指出了这一现象的历史原因，我们历史上多次过分强调党的集中统一，很少反对个人过分集权，对这个问题长期没有足够的认识，成为发生“文化大革命”的一个重要原因，使我们付出了沉重的代价。

关于家长制现象，邓小平讲道，家长制作风，除了使个人高度集权以外，还使个人凌驾于组织之上，组织成为个人的工具。它的突出表现就是一言堂，所有重大问题由个人决定，个人崇拜严重，家长式人物权力不受任何限制，其他人只是唯命是从，不以平等的态度对人。工作中无原则地尽“忠”，把上下级关系搞成父子关系、帮派关系。对此，邓小平深恶痛绝，强调不彻底消灭这种家长制作风，就根本谈不上什么党内民主，什么社会主义民主。

关于干部领导职务终身制和特权现象，邓小平指出，这同封建主义的影响有一定关系，同我们党一直没有妥善的退休解职办法也有关系。要解决这一问题，关键是要健全干部的选举、招考、任免、考核、轮换制度以及离退休制度等。特权现象的存在，往往会给社会造成灾难。一些领导干部不是把自己看作人民的公仆，而是把自己当作人民的主人，搞特权、搞特殊化，引起人民群众不满，这必然要损害人民的民主权利，损害人民和国家的利益，不利于调动各方面的积极性。

邓小平还多次强调要把政治体制改革提到议事日程上来，这是建设中国特色社会主义一项重要的、紧迫的任务。邓小平对于政治体制改革的艰巨性与复杂性也作了明确的论述。邓小平特别强调，政治体制改革从某种意义上来说，是权力的再调整与再分配，必然会对人们的眼前的现实利益产生不同程度的影响，政治体制改革比经济体制改革更为艰巨与复杂。另外，这种改革是以整个社会为对象，其效果不可能在短时间内实现出来。比如，中央与地方的权力关系，政党制度、立法与行政管理制度，等等。还比如，斯大林模式在苏联产生的影响达半个世纪之久，直到今天仍在一些国家发挥影响和作用。另外，政治体制改革是一项全新的事业，我们没有现成的经验可寻，是摸着石头过河。再者，新旧体制替代与交换时，旧的习惯势力阻力特别大，它往往会阻止新体制的产生与发展。要使社会主义的优越性得以充分发挥，巩固社会主义制度，发展生产力，发扬社会主义民主，调动人们的生产积极性和发挥他们的首创精神，必须进行政治体制改革。同时政治体制改革要审慎进行，决策要慎重。

邓小平对于政治体制改革的目标与原则作了明确的规定，早在1980年就指出我国政治体制改革的方向是发扬和保证党内民主，保证人民民主，给人民一个更为切实的民主。根据邓小平的政治体制改革思想，党的十四大、十五大、十六大报告等，都强调政治体制改革的主要任务就是发展民主、加强法制、实行政企分开、精简机构、完善民主监督制度。我们必须继续做好政治体制改革工作。健全民主制度，坚持与完善中国共产党领导的多党合作和政治协商制度，坚持和完善民主集中制，坚持和完善民族区域自治制度，坚持和完善基层群众自治制度。

民主的发展，社会的安定，国家的统一，人民的团结，都要靠党的领导，所以政治体制改革必须在党的领导下进行。同时，我们的政治体制改革必须坚持社会主义方向，必须坚持有计划有步骤地进行。

今天我们依然必须记住邓小平早就告诫过的话语：中国的社会主义改革是全面的改革，包括经济体制改革、政治体制改革和相应的其他各个领域的改革。只搞经济体制改革，不搞政治体制改革，这不对。我们的政治体制改革是有前提的，即必须坚持四项基本原则，政治体制改革必须把安定团结与长治久安统一起来。政治体制改革的目的就是完善社会主义制度，始终保持党和国家的活力，提高工作效率，调动人民的生产积极性，使人民切切实实享有民主权利，参与管理，实现管理民主化。

［本文完稿于2014年5月］

关于国家本质二元论的再探讨*

在20世纪80年代，学术界关于国家本质二元论的观点主要有这样几种看法。第一种观点认为，国家具有两种职能，而由此决定国家的本质是两种力："一种是有组织的暴力，另一种是经济力。"①第二种观点认为，"国家本质的完整意义是暴力机构和脱离社会的权力机关的结合"②。第三种观点认为，国家的本质"是阶级性和社会性的统一"③。除此之外，最近几年类似观点颇多，不再列出。

笔者既不同意把国家本质仅仅看作"一个阶级压迫另一个阶级的暴力工具"的单一本质论，也不完全同意上述的双重本质论观点。

所谓本质乃是事物的根本性质和内在联系，它由事物的内在矛盾构成，是决定事物性质和发展趋势的东西。一事物独有的特殊矛盾构成它的特殊本质；同类事物所共有的特殊矛盾构成该类事物的共同本质，所以，本质又可区分为特殊本质与共同本质等层次。对于国家本质来说也一样，既有阶级统治的职能，也有非政治性的管理社会的职能。因而，国家的本质是阶级统治和社会管理（这里是指非阶级性、政治性的管理，以下相同）功能的统一。这二者是缺一不可，相互转化的。在私有制社会，国家本质的最高层次是阶级统治的暴力工具，而作为社会公共权力机构所执行

* 本文源于1990年9月至1991年7月在华中师范大学科学社会主义研究所助教进修班聂运麟老师主讲课上的班级讨论发言稿。

① 参见韦建培:《国家职能与让步政策》,《陕西师大学报》(哲学社会科学版)1981年第2期。

② 参见赵之平:《关于国家本质的探讨》,《徐州师范学院学报》1985年第2期。

③ 参见黄锦安:《对国家概念的思考》,《江汉论坛》1986年第12期。

的管理职能，处于相对次要的地位。在公有制社会，作为社会公共权力机构的管理社会的职能上升为国家的最高层次。因为，此时统治阶级已是社会成员的绝大多数，敌对分子只占社会成员的极少数，作为暴力工具的国家职能理所当然地退到次要地位。

既然在不同所有制社会里，国家的根本性质会发生转移，又怎么能得出国家单一本质论的结论呢？其实这一结论也不符合马克思主义原意。因为，经典作家在不同时期强调的重点是有所不同的。在国家产生初期，或在无产阶级革命时期，他们往往强调国家是阶级统治的工具，而在设想和论述未来的社会主义社会时，又更多地强调国家本质的社会管理职能。恩格斯在《反杜林论》中明确指出："政治统治到处都是以执行某种社会职能为基础，而且政治统治只有在它执行了它的这种社会职能时才能持续下去。"[①]后来列宁在《国家与革命》一文中再次转述了恩格斯关于国家的以下著名论述："无产阶级将取得国家政权，并且首先把生产资料变为国家财产。但是这样一来，它就消灭了作为无产阶级的自身，消灭了一切阶级差别和阶级对立，也消灭了作为国家的国家。"[②]这里，恩格斯指出作为资本主义国家的本质——阶级统治的工具的地位已发生了改变和转移，他还说："当国家终于真正成为整个社会的代表时，它就使自己成为多余的了。""也就不再需要国家这种特殊的镇压力量了。"[③]但由于"国家不是'被废除'的，它是自行消亡的"[④]，国家真正成为整个社会的代表，是一个漫长的历史过程。在真正成为整个社会代表之前，社会主义国家本质的政治性质依然存在，只是退居次本质的地位。列宁在十月革命以后，多次指出无产阶级专政的实质，只对剥削者使用暴力，甚至主要不在于暴力，而在于无产阶级代表着并实现着比资本主义更高的社会劳动组织，等等。这就说明，社会主义国家本质中阶级性、政治性的地位在一步步降低，国家一旦成为整个社会的代表，就完全失去了政治属性的本质，这里，社会

①《马克思恩格斯选集》第3卷，北京：人民出版社1995年版，第523页。
②《马克思恩格斯选集》第3卷，北京：人民出版社1995年版，第754—755页。
③《马克思恩格斯选集》第3卷，北京：人民出版社1995年版，第755页。
④《马克思恩格斯选集》第3卷，北京：人民出版社1995年版，第755页。

管理的内涵和实质内容也将发生质的变化。这里的国家，已不是原来意义上的国家，也不是笔者在此所要讨论的国家范畴，它已与社会团体没有本质区别了。因此，不会因为肯定国家本质地位的转移性就得出国家本质的一元论，也不会因为肯定国家管理职能是其本质属性之一就得出国家永远不会消亡的结论。

从人类社会历史发展的过程来看，是时代造就了国家，也就是说国家的产生是适应了时代的需要。因而，奴隶社会、封建社会和资本主义社会，都曾出现了推动社会进步的“黄金时期”。这是由于国家施行了顺应社会发展方向要求的管理。这也就是国家存在的正当性和产生的进步性，同时说明了国家本质的两重性。一方面，“国家是社会在一定发展阶段上的产物；国家是表示：这个社会陷入了不可解决的自我矛盾，分裂为不可调和的对立面而又无力摆脱这些对立面。而为了使这些对立面，这些经济利益互相冲突的阶级，不致在无谓的斗争中把自己和社会消灭，就需要有一种表面上站在社会之上的力量来抑制冲突，把冲突保持在‘秩序’的范围以内”[①]。另一方面，“政府的监督劳动和全面干涉包括两方面：既包括执行由一切社会的性质产生的各种公共事务，又包括由政府同人民大众相对立而产生的各种特殊职能”[②]。如果我们只承认国家本质是阶级统治的工具，事实上既不符合国家内涵的原意和国家最初产生的社会作用，也不符合社会主义国家的本质内容，更无法理解公有制为主体的社会主义国家存在的必要性，及其组织和建设社会主义的积极作用和意义。

我国几十年的社会主义实践经验事实告诉我们：如果没有正确认识和完整地掌握马克思主义的国家学说，把国家只看作阶级统治的工具，导致阶级斗争扩大化，党的工作重心就会发生偏离。把革命时期、巩固政权的初期与社会主义建设时期的国家根本职能混为一谈，便没有认识到在社会主义制度下国家本质的多层次性及其相对转移性，换言之，没有认识到这时国家作为非政治属性的管理社会事务的职能应当上升为首位，并随着社会主义建设事业的发展，显得更为突出，而作为国家政治属性的职能降为

①《列宁选集》第3卷，北京：人民出版社1995年版，第113页。

②《马克思恩格斯全集》第25卷，北京：人民出版社1974年版，第432页。

次要的地位。就当代资本主义社会而言，如果我们把国家仅仅看作阶级统治的工具，又该如何理解资本主义的文明和资本主义国家对经济的干预以及它担负的教育和福利等一系列社会管理行为呢？有的同志会说，这一切最终都是为了阶级的统治。这实际上是把国家产生的直接原因、根本原因与终极原因混淆了，不了解国家本质的两重性，更加不了解当代资本主义国家社会管理职能的提高，这正好表明了国家本质“二元论”的相互转化性、转移性及其发展趋势。还有的同志以列宁的“半国家”概念对国家本质“二元论”提出质疑。笔者认为，列宁之所以强调“半”字，正是说明了在公有制社会中，国家本质属性的各种内涵在层次上发生了变更，即原来国家的政治属性占首要地位，而这时国家管理社会公共事务的职能则占首要地位。关于国家本质“二元论”之间的相互转化性，除不同所有制国家本质层序发生转移外，即使在同一社会制度内，也是如此。二战后，面对资本主义的经济危机，西方各国普遍进行了大刀阔斧的改革，吸取社会主义管理方式的计划化和国家宏观调控理论的经验，重视对社会实行科学管理，这使资本主义经济出现了高速发展现象。

笔者认为，正确认识国家本质“二元论”，对于我国的政治体制改革，充分、合理、高效地发挥国家机构的宏观调控职能，实行科学管理，正确处理好改革、发展和稳定的关系，都具有重大的实践意义。

[本文完稿于1991年8月]

“新社会主义”论质疑

当前有的学者认为，“有中国特色的社会主义就是一种前所未有的、充满生机活力的新社会主义”，“邓小平理论是一种新社会主义理论”。这种“新社会主义观”笔者难以苟同。因为它不利于我们正确把握邓小平建设有中国特色社会主义理论，不利于中国现实的改革和建设。

首先，从“新社会主义”一词提出的背景、内涵及其实质作用来看，它与邓小平建设有中国特色社会主义理论是截然不同的。

从其理论产生的背景来看，“新社会主义”是由美国新制度学派的代表人物加尔布雷思在《经济学与公共目标》一书中提出的。他认为现代资本主义社会中的二元结构的并存以及与之有关的“权力分配”不平衡、收入不均等的现象是不合理的，主张尽快结束这些现象，并构想了一种社会改革目标模式。1982年9月1日邓小平同志在《中国共产党第十二次全国代表大会开幕词》中指出：“把马克思主义的普遍真理同我国的具体实际结合起来，走自己的路，建设有中国特色的社会主义”[①]，首次明确提出“建设有中国特色的社会主义”概念。这是他对中国社会主义建设的实际经验和教训进行总结而得出的一个基本结论，为中国的社会主义现代化建设指明了方向。这一理论是在和平与发展成为时代主题的历史条件下，在我国改革开放和社会主义经历胜利、挫折的经验教训后，在借鉴别国社会主义兴衰成败的历史经验基础上逐步形成和发展起来的。它是马克思主义基本原理与当代中国实际和时代特征相结合的产物，是毛泽东思想的继承

①《邓小平文选》第3卷，北京：人民出版社1993年版，第3页。

和发展，是全党全国人民集体智慧的结晶。

从其内涵和主要内容来看，“新社会主义”根据加尔布雷思的描述就是：“首先需要积极提高市场系统的权力和能力，提高它与计划系统相对下的发展程度，从而从这一方开始，缩减这两个系统之间在发展方面一贯存在的不均衡状态。这里应采取的步骤是，从事缩减两个系统收益的不均等，提高市场系统的谈判力量，减少计划系统对它的剥削。我们把这个叫作‘新社会主义’。”[①]它的主要内容是使大公司的权力受到限制，政府不再被大公司所掌握，小企业的地位得到改善，不再受到计划体系大企业的无限制剥削。“公共目标”被重视起来，个人的生活福利得到保障，医疗保健事业有很大发展，环境卫生和住宅条件得到改善，文化教育事业、技术事业也不断取得进步。邓小平建设有中国特色社会主义理论是在经济、文化比较落后的中国建设社会主义的理论和策略，是关于在和平与发展时代坚持、建设、巩固和发展社会主义的理论。

从其具体措施和实现途径来看，加尔布雷思认为，无论在小企业经济中或在大公司经济中，只有“社会主义”才能从“公共利益”出发，使政府承担私人企业所不愿承担的发展经济落后部门的责任，使“计划体系”和“市场体系”二者的缺陷得以补救。其措施的实施主要是通过国家立法和管理，对两个体系分别采取相应的财政政策和价格管理政策。实现“新社会主义”的具体途径是：改革市场的定价制度、修订工资条例、制定新的反垄断法、增加妇女的就业机会等。其中心任务是“结构改革”，在现代资本主义国家，唯有科学教育界能担负起改革的政治重任。而建设有中国特色社会主义理论是中国共产党人提出的新命题，是我们党在新的历史条件下，把马克思主义的普遍真理与当代中国具体实际和时代特征相结合的产物。它在社会主义建设的战略步骤上，提出和实行基本实现现代化分三步走。它把广大人民群众作为社会主义的“依靠力量”，在中国共产党领导下以合乎最广大人民群众的根本利益为最高准则，发挥社会主义的巨大凝聚力，把社会各方面的力量动员起来，使其投身到现代化建设的洪流

① [美]加尔布雷思：《经济学和公共目标》，蔡受百，译，北京：商务印书馆1980年版，第217—218页。

中去，从而实现全国人民的共同理想，建设有中国特色的社会主义。

从其理论的实质作用来看，“新社会主义”不是一个真正的社会形态，而是一个不从根本上改变资本主义私有制，仍然存在不平等和剥削的乌托邦式的改良主义。正如艾伦·格雷泽对于新制度主义的结构改革论所评说的：“当前制度主义者得出这样的结论：要控制美国的主要的经济权力集团，消灭经济中的许多刚性，抑制经济中对资本和劳动利用不足的趋势，就要求大大改造美国的经济制度，但这是在传统的社会和政治结构内部进行的。”[①]加尔布雷思所宣传的“新社会主义”，与历史上的各种假社会主义并没有什么本质不同。由此可见，不论从其内涵、作用角度来看，还是从其现实的意义和表现形式来看，“新社会主义”与“有中国特色社会主义”二者都是大相径庭、风马牛不相及的。如果我们把邓小平建设有中国特色社会主义称为“新社会主义”，这是对它的一种最大的误解（至少是重要的疏忽）。“它山之石，可以攻玉”，加尔布雷思的“新社会主义”中也有一些可以借鉴的东西。“外国的经验可以借鉴，但是绝对不能照搬。”[②]

其次，从有中国特色社会主义与科学社会主义的关系来看，二者是非常密切的，实质是一致的。

从二者理论渊源的关系来看，建设有中国特色社会主义理论是科学社会主义理论的继续，是科学社会主义发展史上的又一次伟大飞跃和新的发展阶段，它是当代中国的马克思主义。从哲学角度来分析，“有中国特色社会主义”与科学社会主义是个别与一般、个性与共性的关系，就其本质而言，有中国特色社会主义就是科学社会主义。二者所不同的是，前者是以邓小平为代表的中国共产党人把马克思主义与中国的现实实际相结合，所走的一条中国特色的社会主义建设之路。正像当年以毛泽东为代表的第一代共产党人创立的“农村包围城市，武装夺取政权”的中国民主革命道路一样，它使科学社会主义在其发展史上发生了一次伟大的飞跃，推动了中国革命，也推动了世界社会主义运动的发展。邓小平建设有中国特色社

① 厉以宁主编：《市场经济大辞典》，北京：新华出版社1993年版，第116页。

② 《邓小平文选》第3卷，北京：人民出版社1993年版，第140页。

会主义理论推动了中国社会主义建设的发展，也推动和影响了世界社会主义的发展。它克服了斯大林社会主义模式的缺陷，使社会主义充满生机和活力。但是，改革取得巨大成就的中国特色社会主义，仍不失为对马克思主义、对科学社会主义理论的丰富和发展，是世界社会主义中又一新的模式，是科学社会主义理论与新时代特征相结合在中国社会主义建设实践中的产物。因此，不宜（也不可）把中国改革以前的、马克思与恩格斯设想的、列宁和斯大林曾建设的社会主义称为“旧社会主义”，而把现实“有中国特色社会主义”称为“新社会主义”。这不论从理论渊源来说，还是从理论主要内容来说都是极为不妥的。

邓小平建设有中国特色社会主义理论与马克思、恩格斯当时设想的社会主义模式和内容，尽管有很大的差别，但更多的是有其内在的联系性和同一性，没有本质的区别。

政治上，强调无产阶级先锋队的领导作用。不论是马克思、恩格斯还是后来的马克思主义者，都强调和肯定无产阶级政党在社会主义革命和建设中的领导地位。“共产党人始终代表整个运动的利益”，“共产党人是各国工人政党中最坚决的、始终起推动作用的部分”。[①]后来，马克思在《国际工人协会共同章程》中再次指出：“无产阶级在反对有产阶级联合力量的斗争中，只有把自身组织成为与有产阶级建立的一切旧政党不同的、相对立的政党，才能作为一个阶级来行动”，“为保证社会革命获得胜利和实现革命的最高目标——消灭阶级，才能作为一个阶级来行动”。[②]列宁认为：“只有工人阶级的政党，即共产党，才能团结、教育和组织无产阶级和全体劳动群众的先锋队……在政治上领导无产阶级。”[③]对此，邓小平同志指出：“……要建设社会主义没有共产党的领导是不可能的”[④]。同时，他们都强调社会主义的民主性。马克思、恩格斯曾指出：“工人革命的第一步就是使无产阶级上升为统治阶级，争得民主。”[⑤]邓小平同志强调指出：“没有

①《马克思恩格斯选集》第1卷，北京：人民出版社1995年版，第285页。
②《马克思恩格斯选集》第2卷，北京：人民出版社1995年版，第611页。
③《列宁选集》第4卷，北京：人民出版社1995年版，第474页。
④《邓小平文选》第3卷，北京：人民出版社1993年版，第208页。
⑤《马克思恩格斯选集》第1卷，北京：人民出版社1995年版，第293页。

民主就没有社会主义，就没有社会主义的现代化。”[①]

经济上，都主张发展生产力，实行公有制，“尽可能快地增加生产力的总量”[②]。消灭私有制，消灭剥削，消除两极分化，最终达到共同富裕，“每个人的自由发展是一切人的自由发展的条件”[③]。

思想文化上，坚持以科学社会主义、马克思主义为指导，建立社会主义精神文明，继承人类一切优秀文化遗产，吸收和利用世界各国包括资本主义发达国家所创造的一切先进文明成果来建设和发展社会主义。

当然，“有中国特色社会主义”与经典作家论述和设想的社会主义除本质内容上一致外，在具体内容和特征上又是有区别的。在所有制结构上，马克思、恩格斯认为，社会主义将全部实行生产资料公有制，并且这种公有制形式是单一的。我国在1956年社会主义改造完成以后，主要有全民所有制和集体所有制两种形式的公有制。十一届三中全会以后，实行以公有制为主体，个体经济、私营经济、外资经济为补充的所有制结构，多种经济成分长期共同发展。在阶级关系上，马克思、恩格斯认为，社会主义建立以后，阶级已经消灭，只是由于社会主义脱胎于旧社会，仍带有旧社会的痕迹，三大差别依然存在。而现实中，中国工人和农民都仍以两种阶级的形式独自地存在着，同时，还有以个体劳动者、私人企业主、管理者等不同阶层的形式存在着的社会成员，而且还将在很长时期内存在下去。在国家职能问题上，马克思、恩格斯曾设想社会主义革命在全世界取得胜利，消灭阶级差别和对立后，国家主要不是暴力组织，而是规划生产和社会日常管理的组织。公众的权力失去政治性质，国家逐步消亡。现实的社会主义国家，对内依法打击敌对分子的破坏活动，对人民实行民主，担负社会主义建设的任务，对外要防御敌人的入侵和颠覆，维护世界和平。国家仍然还是一种暴力组织，并且这种职能在相当长的时间内还会有加强的趋势。另外，在实现社会主义的条件和基础上，经典作家曾认为，近代大工业和社会化大生产是“新社会的基础”和“赖以诞生的第一个条

①《邓小平文选》第2卷，北京：人民出版社1994年版，第168页。

②《马克思恩格斯选集》第1卷，北京：人民出版社1995年版，第293页。

③《马克思恩格斯选集》第1卷，北京：人民出版社1995年版，第294页。

件”，而事实恰恰相反，社会主义在非常落后的农业国和半殖民地半封建的国家里产生。正是由于种种条件的不同，现实社会主义与经典作家的社会主义在具体内容、任务、近期目标等方面有一定区别。但现实中，中国特色社会主义这一系列理论和要求都是在为向发达的社会主义、共产主义过渡而创造条件，做好物质、精神、政治的准备，即最终目的它们是一致的，因而不存在“新”“旧”之别。

我们党在历史上曾犯过“左”的或右的错误，并最终靠自身的力量纠正了错误，这使党不断壮大和成熟，使社会主义革命和建设事业不断发展，可是，我们从来没有把“左”的或右的错误作为“新”“旧”民主主义革命的分界线，或“新”“旧”社会主义革命的分界线。至于民主主义革命有“新”“旧”之别，是由于前后二者有着本质的区别。新民主主义革命的领导力量是无产阶级政党，目的是实行无产阶级专政，走社会主义道路，建立中华人民共和国。而旧民主主义革命的领导力量是资产阶级政党，目的是实行资产阶级专政，走资本主义道路，建立资产阶级共和国。

最后，从社会主义发展的历史和现实社会主义改革的实践来看，这种提法也是不恰当的。继马克思、恩格斯之后，列宁、毛泽东等马克思主义者，坚决捍卫和发展马克思主义，他们都对社会主义作出了突出的贡献，进一步丰富和发展了马克思主义。如列宁提出了新经济政策理论，毛泽东领导人民走出了一条独特的“农村包围城市”的井冈山革命道路和中国社会主义改造道路等，这些都是马克思、恩格斯未曾提及和预料的。但是，不论是列宁还是毛泽东，谁也没有把自己的新理论称为“新社会主义”理论。列宁对此是这样认为的:“这个新的、更好的社会就叫社会主义社会。”①

邓小平同志继毛泽东之后，对中国的社会主义建设和改革作出了巨大的贡献，可以说是功勋卓著。但这一切邓小平同志是这样认为的:“改革是中国的第二次革命”②，也是解放生产力和发展生产力。这也正如江泽民同志于1993年11月2日在号召全党全国人民认真学习《邓小平文选》第三卷

①《列宁全集》第7卷，北京：人民出版社1986年版，第112页。

②《邓小平文选》第3卷，北京:人民出版社1993年版，第113页。

的讲话中所说的："它内容丰富，博大精深，洋溢着鲜明的时代精神与民族精神，闪耀着马克思主义真理的灿烂光辉。"[1]这对那些把邓小平建设有中国特色社会主义理论称为"新社会主义"理论、有意无意地把邓小平理论放在马克思列宁主义、毛泽东思想的对立面的做法，作了最好的回应。

另外，从社会主义改革的历史过程来看，社会主义改革兴起了第三次高潮，继中国之后越南、朝鲜等社会主义国家也进行了大胆的改革和尝试，并取得了显著的成就。同时也提出了一系列新的理论思想和积极的改革措施，他们是否也可以把本国的社会主义建设和改革的理论思想称为"新社会主义"理论呢？很显然，就此而言，社会主义各国的改革和建设就难以区分和把握了。这对社会主义各国的改革和建设是不利的，对世界社会主义运动的发展也是不利的。它也必然影响中国社会主义建设和改革的发展进程。

综上所述，"有中国特色社会主义"不宜称为"新社会主义"，更不等同于"新社会主义"。

[本文刊载于《社会主义研究》1995 年第 3 期]

① 江泽民：《论党的建设》，北京：中央文献出版社 2001 年版，第 110 页。

邓小平使社会主义走出“二难推理”的怪圈*

21世纪社会主义如何焕发生机和活力，关键就是社会主义与市场经济的关系问题。关于这个问题，许多东西方的学者原来都有个思维定式：二者是对立的、绝对不相容的，走社会主义道路必须搞计划经济，排斥市场经济，如果要搞市场经济就必然走资本主义道路。邓小平同志把马克思主义与中国当代实际和时代特征相结合，提出了“社会主义也可以搞市场经济”①的伟大科学命题，为徘徊中的社会主义指明了方向，为中华民族的再次辉煌奠定了坚实的理论基础。然而，人们对其理论的意义论述得较少，认识也远远不够。为此，笔者就这一命题的划时代意义谈谈自己的粗陋看法。

在认识社会主义市场经济理论的意义之前，有必要探究一下社会主义与市场之间的关系问题。

早在19世纪，马克思、恩格斯对于社会主义与市场之间的关系就已有定论。马克思、恩格斯根据当时的时代特征曾设想未来的社会主义社会将是一个“三无”社会，把社会主义与商品生产、商品交换、货币等直接对立起来。然而，这一理想社会主义模式在社会主义的实践中却不断受到冲击。列宁在俄国十月革命取得胜利之后，很快认识到通过战时共产主义政策不可能直接过渡到社会主义社会，必须实行新经济政策。实行新经济政

---

* 本文被采用时题目改为《试论邓小平社会主义市场经济理论的巨大意义》，笔者认为这样太平淡了，没有凸显社会主义与市场经济结合的意义，故仍用原题目。

①《邓小平文选》第2卷，北京：人民出版社1994年版，第236页。

策，首先肯定了市场的作用，肯定了商品和货币存在的必然性和必要性。但列宁只是把新经济政策看作一个迫不得已的暂时性措施。

继列宁之后的斯大林等人，基本上都实行了苏联的社会主义模式，他们也和列宁一样肯定在社会主义初期保留商品生产的必要性，也认为社会主义与商品经济具有一定相容性。然而他们最终仍旧未能跳出计划经济体制的框框，社会主义优越性无法体现。后来，苏联东欧等社会主义国家进行了一系列改革，力图把商品经济纳入计划经济体制，也一直没有克服斯大林模式的矛盾性及其缺陷。

社会主义与市场经济真正的结合是我们党对科学社会主义理论和实践的一大创造性贡献。

中国共产党在如何建设社会主义的问题上也和其他社会主义国家一样，走过一段漫长而又曲折的历程。中华人民共和国成立初期，经过探索建立了计划经济体制，这一体制在我国经济发展史上有着重要历史作用。可是，随着科技进步和生产力水平的提高、国民经济实力的增强和规模的扩大以及国内与国际经济沟通的加强，原有的计划经济体制越来越不能适应经济发展的新形势，其弊端也暴露得日益明显。

计划经济体制在其运行的最初年代，就已暴露出许多问题，从1957年至1978年的20多年间，我国的计划经济体制曾进行过多次调整和变革。但由于主要内容不是调整国家同企业的经济关系，而是调整中央与地方的经济管理权限，故没有从根本上改变高度集中统一的计划管理体制。这一体制在实践中产生了一系列弊端，几乎是所有社会主义国家的共性问题。这个问题的真正要害正如邓小平所说的，社会主义（这里说的社会主义显然是只搞计划经济的社会主义）的“缺点在于市场运用得不好，经济搞得不活”，计划与市场的关系问题，“解决得好，对经济的发展就很有利，解决不好，就会糟”①。

1979年，邓小平在会见美国客人吉布尼和加拿大客人林达光时就讲过：“说市场经济只存在于资本主义社会，只有资本主义的市场经济，这肯定是不正确的。社会主义为什么不可以搞市场经济，这个不能说是资本

①《邓小平文选》第3卷，北京：人民出版社1993年版，第17页。

主义。”[①]首次把社会主义与市场经济结合起来阐明市场在封建社会就有了萌芽，它不是资本主义的“专利”，社会主义理所当然也可以搞市场经济。后来，他还论述了社会主义和市场经济之间的辩证统一关系，强调计划和市场都是发展生产力的方法，“它为社会主义服务，就是社会主义的；为资本主义服务，就是资本主义的”[②]。

1990年12月，邓小平再次指出：“资本主义与社会主义的区分不在于是计划还是市场这样的问题。社会主义也有市场经济，资本主义也有计划控制……计划和市场都得要。”[③]1992年初，他又进一步更加明确和具体地指出：“计划多一点还是市场多一点，不是社会主义与资本主义的本质区别……计划和市场都是经济手段。”[④]

邓小平这一系列理论，阐明了社会主义与市场经济的关系，二者不仅可以结合，而且完全可以相容和统一起来。市场和计划都不过是经济手段而已，可以为资本主义服务，同样也可以为社会主义服务。同时，邓小平同志还强调二者不仅仅是能够结合的问题，对于社会主义建设和经济发展来说，还是个必须结合的问题。“不坚持社会主义，不改革开放，不发展经济，不改善人民生活，只能是死路一条。”[⑤]“社会主义要赢得与资本主义相比较的优势，就必须大胆吸收和借鉴人类社会创造的一切文明成果；吸收和借鉴当今世界各国包括资本主义发达国家的一切反映现代社会化生产规律的先进经营方式、管理方法。”[⑥]“不搞市场，连世界上的信息都不知道，是自甘落后。”[⑦]

另外，邓小平还从战略高度指出社会主义与市场经济结合的现实意义。他强调我们所要建立的市场经济是有国家宏观调控和政府干预的市场经济，我国经济体制改革的方向是非常明确的，是社会主义绝不是资本主

①《邓小平文选》第2卷，北京：人民出版社1994年版，第236页。
②《邓小平文选》第3卷，北京：人民出版社1993年版，第203页。
③《邓小平文选》第3卷，北京：人民出版社1993年版，第364页。
④《邓小平文选》第3卷，北京：人民出版社1993年版，第373页。
⑤《邓小平文选》第3卷，北京：人民出版社1993年版，第370页。
⑥《邓小平文选》第3卷，北京：人民出版社1993年版，第373页。
⑦《邓小平文选》第3卷，北京：人民出版社1993年版，第364页。

义。实践证明，社会主义市场经济理论的确立意义巨大且影响深远。

这一理论的确立，为建设有中国特色的社会主义道路开辟了广阔的前景，开启了中国改革开放的新纪元。它使人们从长期对单一计划经济的迷信和对市场经济的禁锢的传统观念中解放出来，用新的思想、观点继承和发展了马克思主义。

这一理论的确立，为我国经济体制改革，特别是国有企业的改革，找到了突破口。有利于充分发挥企业的主体作用，转换国有企业经营机制，建立“产权清晰，权责明确，政企分开，管理科学”的现代企业制度。从而使国有企业充满生机和活力，使我国的经济体制结构合理科学，国有企业得以正常有序运转。

这一理论的确立，也将进一步推动我国的社会主义精神文明建设。近年来，各国在发展经济的同时，均重视精神文明的配套建设。现代市场经济是一种公正、开放、法制的经济，要求在平等条件下在法制范围内进行公开的公平竞争，而不是尔虞我诈、巧取豪夺。它反对不正当竞争，要求各行各业，严格遵守行业的职业道德，做到文明经商，取之有道。同时，由于我国的市场经济是社会主义的市场经济，它要求首先让一部分人先富起来，最终目的是共同富裕，使沿海发达地区主动带动“老少边穷”的落后地区。这一切必将大大加快我国成为富强、民主、文明的社会主义现代化国家的步伐。

这一理论的确立，使社会主义最终走出“二难推理”的“怪圈”，为世界社会主义运动的重新发展、壮大揭开新的一页，再次向世人证明马克思、恩格斯结论的科学性。它使走上社会主义道路的发展中国家真正找到了一条巩固和发展社会主义的建设之路，打开了通往成功之门。中国社会主义改革的成功和发展，“不但是给占世界总人口四分之三的第三世界走出了一条路，更重要的是向人类表明，社会主义是必由之路，社会主义优于资本主义”[①]。

社会主义与市场经济的结合是我们党的伟大创造，但同时，它又是历史发展的产物和必然结果。“马克思主义要发展，社会主义理论要发展，

①《邓小平文选》第3卷，北京：人民出版社1993年版，第225页。

要随着人类社会实践的发展和科学的发展而向前发展。"[1]今天，认真学习邓小平的市场经济理论，对于我们坚定社会主义信念，建设有中国特色社会主义，建立社会主义市场经济体制，都有重大的理论指导意义和实践意义。21世纪将是社会主义的世纪，"社会主义中国将是不可战胜的"[2]，"只要中国社会主义不倒，社会主义在世界将始终站得住"[3]。

［本文刊载于《社会主义研究》1995年专辑］

①《邓小平文选》第3卷，北京：人民出版社1993年版，第42页。
②《邓小平文选》第3卷，北京：人民出版社1993年版，第365页。
③《邓小平文选》第3卷，北京：人民出版社1993年版，第346页。

关于全面建设小康社会的若干思考

江泽民在党的十六大报告中明确提出我国在21世纪头二十年全面建设小康社会的奋斗目标。这是对邓小平“三步走”发展战略的丰富和发展，也是实施第三步发展战略的具体化，对邓小平理论的发展和我国社会主义现代化建设都有巨大的现实意义。为此，笔者在学习十六大报告的基础上就全面建设小康社会谈谈自己的思考。

一、全面建设小康社会目标的提出

在1979年会见日本首相大平正芳时，邓小平就提出，到20世纪末，中国现代化所要达到的是小康状态。1984年邓小平在接见外宾时再次讲到这个小康社会，并将其称为中国式的现代化。1987年邓小平再次提到20世纪“走两步”，达到温饱和小康。

1997年江泽民在党的十五大报告中指出：“现在完全可以有把握地说，我们党在改革开放初期提出的本世纪末达到小康的目标，能够如期实现。在中国这样一个十多亿人口的国度里，进入和建设小康社会，是一件有伟大意义的事情。”①党的十五届五中全会全面分析了世纪之交我国改革开放和现代化建设面临的国际和国内形势，从21世纪开始，我国将进入全面建设小康社会，加快推进现代化的新的发展阶段。在党的十六大上江泽民详细地阐述了全面建设小康社会的奋斗目标。

①《江泽民文选》第2卷，北京：人民出版社2006年版，第47页。

二、全面建设小康社会的含义

在了解全面建设小康社会的含义之前，有必要首先了解一下什么是小康。小康思想在中国可以说是源远流长，最早可以追溯到中国的第一部诗歌总集《诗经》中《大雅・民劳》：民亦劳止，汔可小康。后来儒家思想家、教育家孔子阐述了“大同”和“小康”思想，中国民间也一直存在一种说法，在夏朝之前有一个大同社会。关于这一大同思想《礼记・礼运》中这样记载：“大道之行也，天下为公，选贤与能，讲信修睦。故人不独亲其亲，不独子其子。使老有所终，壮有所用，幼有所长，鳏、寡、孤、独、废疾者皆有所养。男有分，女有归。货恶其弃于地也，不必藏于己。力恶其不出于身也，不必为己。是故谋闭而不兴，盗窃乱贼而不作，故外户而不闭，是谓大同。”这实际上是孔子对原始共产主义社会的描述，一直成为中国知识分子奋斗和追求的美好憧憬。孔子描写的小康社会的景象是这样的：“今大道既隐，天下为家。各亲其亲，各子其子，货力为己。大人世及以为礼，城郭沟池以为固。礼义以为纪，以正君臣，以笃父子，以睦兄弟，以和夫妇，以设制度，以立田里，以贤勇知，以功为己。故谋用是作而兵由此起。禹、汤、文、武、成王、周公，由此其选也。此六君子者，未有不谨于礼者也。以著其义，以考其信，著有过，刑仁讲让，示民有常。如有不由此者，在势者去，众以为殃，是谓小康。”后来孟子等人都描绘过有关小康生活的美景，清代康有为专门著有《大同书》并提出社会发展必然经历拨乱、小康、大同三个不同阶段。孙中山也正是受到儒家思想中的小康社会和大同社会思想的影响，提出了“三民主义”的主张。共产党人在新民主主义革命中没有忘记中国的国情，充分调动农民革命的积极性，提出了“打土豪，分田地”的口号。古往今来，小康、小康人家、小康生活是人们对美好前景设想时提及最多的词汇。新中国建立后，以毛泽东为代表的党的第一代领导人为中华民族的繁荣昌盛，中国的工业化、现代化建设作出了不懈的努力，并提出了“四个现代化”的宏伟蓝图。以邓小平为代表的第二代领导人明确提出“三步走”发展战略，在

20世纪末实现小康社会的目标。以江泽民为代表的第三代领导人在人民生活总体实现小康的基础上又提出全面建设小康社会。所谓全面建设小康社会就是把我国建设成为经济、政治、文化等全面发展的社会，使人民的小康生活上一个新的台阶，生活更加宽裕、社会更加发展和稳定，人的素质大大提高，社会制度和体制更加完善。虽然我们说第二步战略目标已经胜利实现，人民总体上达到小康水平，生活较为富裕，按照马斯洛需求理论分析我国大多数人已越过生理、生存的需求，相当一部分人已越过安全的需求和社会交往的需要，而走向尊重的需要和自我实现的需要；但是我们需要正确理解和全面认识当前的小康水平，目前这个小康还是低水平的、不全面的、发展很不平衡的小康，这是由我国正处于并将长期处于社会主义初级阶段的基本国情决定的。在21世纪的前二十年我们如何全面建设小康社会，巩固和提高现有的小康水平依然任务艰巨。

三、全面建设小康社会的内容和具体措施

中国共产党究竟如何实现这一目标？首先了解一下全面建设小康社会目标的具体内容：在优化结构和提高效益的基础上，国内生产总值到2020年力争比2000年翻两番，综合国力和国际竞争力明显增强；社会主义民主更加完善，社会主义法制更加完备，人民的政治、经济和文化权益得到切实尊重和保障；全民族的思想道德素质、科学文化素质和健康素质明显提高，形成比较完善的现代国民教育体系、科技和文化创新体系、全民健身和医疗卫生体系，推动整个社会走上生产发展、生活富裕、生态良好的文明发展道路。江泽民在十六大报告中提出了实现这一目标的途径：发展要有新思路，改革要有新突破，开放要有新局面，关键是各项工作要有新举措。只有认真贯彻“四新思想”才能够实现全面建设小康社会的目标。

全面建设小康社会，这是我国社会主义现代化建设进程中一个不可逾越的发展阶段，也是全党和全国人民的愿望，更是发展社会主义事业的必然要求。

在政治上，继续积极地推进社会主义社会的政治体制改革，发展社会

主义民主政治，建设社会主义政治文明。这就要求我们必须坚持四项基本原则，继续积极扩大社会主义民主，健全社会主义法制，把我国建设成一个社会主义法治的国家。虽然，我们已经实现邓小平的第二步战略目标，进入小康社会，但是，我们依然是一个发展中国家，这种小康是低水平的、不全面的、发展很不平衡的小康。这种低生产力水平决定了我国民主政治建设任务的艰巨性，所以要充分发挥党的先锋模范作用，要改革和完善党的领导方式和执政方式，研究和重新认识党的执政规律、社会主义建设规律和人类社会发展规律。必须把党的领导与人民当家作主和依法治国有机统一起来，这样才能调动人民的生产积极性和参与社会主义民主政治的积极性，扩大公民政治参与，使人民真正实现民主选举、民主决策、民主管理和民主监督，真正享有民主权利和自由。坚持和完善各级人民代表大会制度，从而使立法和决策充分体现民意。同时，必须坚持和完善中国共产党领导的多党合作和政治协商制度，充分发挥社会主义政党制度的优势和特色，建立最广泛的统一战线。必须改革和完善决策机制，深化行政管理体制改革，进一步推进政府职能的转变，改进政府的管理方式。为了提高政府的工作效率，必须推进电子政务，从而降低管理成本，增强其透明度，建立廉洁高效的政府。大力推进司法体制改革，真正在全社会实现公平与正义。大力加强和深化干部人事制度的改革，健全“三化”“四权”制度，充分加强对权力的制约和监督，使社会主义民主政治更加健全，充分体现社会主义的政治文明。

在经济上，我们必须以经济建设为中心，大力推进经济体制改革，完善社会主义市场经济体制，解放和发展生产力，走新型工业化道路，大力实施科教兴国战略和人才强国战略。充分注意产业结构的调整，推进产业结构的优化升级，努力形成以高新技术产业为导向、基础产业以及制造业为支撑、服务业全面发展的产业格局。早在1988年邓小平同志就提出“科学技术是第一生产力”的论断。今天我们必须充分认识和发挥“科学技术是第一生产力”的重要地位和作用，依靠科技进步和提高劳动者的素质，实现科技和经济的跨越式发展。大力加快城镇化步伐，全面发展乡村经济，加快推进农业社会主义现代化建设，全面推进建设小康社会，大力推进乡村多余劳动力的转移，发展第三产业，使多余劳动力向非农化和城镇化转移，走出一条中国特色的城镇化道路。同时必须积极推进西部大开发战略，加快区域经济的协调发展，深化国有资产管理体制的改革，加强和完善宏观调控，健全市场经济体制和科学的分配制度，提高对外开放水平，扩大就业门路，不断提高和改善人们的生活水平。从而使社会低收入者尽快摆脱贫困，早日步入小康生活的行列，推进全面建设小康社会。

在思想文化上，大力推进文化体制改革和建设。牢牢把握中国先进文化的前进方向，发展“面向现代化、面向世界、面向未来的，民族的科学的大众的”社会主义先进文化，坚持马克思列宁主义、毛泽东思想、邓小平理论在意识形态领域的指导地位，充分发挥“三个代表”重要思想在文化领域的统领作用。我们仍然要坚持“二为”方向、“双百”方针，大力弘扬社会主义文化的主旋律，实行以德治国与依法治国相结合，大力发展社会主义教育和科学文化事业，建立与社会主义市场经济相适应、与社会主义法律规范相协调、与中华民族传统美德相承接的社会主义思想道德体系，大力发展社会主义文化，建设社会主义精神文明。

总之，我们必须紧紧抓住21世纪头二十年的战略机遇期，用改革的方式解决前进中遇到的困难和问题，充分发挥国内国际两个市场的作用，以德治与法治相协调，充分发挥政治资源优势，以实现社会协调发展和全面进步为目标，全面建设小康社会。

[本文完稿于2003年2月]

股份合作制经济与私营经济、个体经济之比较

关于股份合作制这种经济组织形式，党的十五大报告已做过明确的阐述与肯定："目前城乡大量出现的多种多样的股份合作制经济，是改革中的新事物，要支持和引导，不断总结经验，使之逐步完善。"它是"劳动者的劳动联合和劳动者的资本联合为主的集体经济"[①]形式。但是至今仍有人对这种经济形式及与之相关的中小国有企业的转机建制的改革做法不能理解，提出疑义甚至误解和否定。有人认为，股份合作制只是一顶"红帽子"，实际上就是推行"私有化"，就是"口头上的社会主义，实质上的资本主义"等。为了推动我国国有企业的改革和发展，有必要进一步澄清这一理论，以便达成共识。而在搞清这一问题之前，需要比较一下股份合作制经济与私营经济、个体经济。

从内涵来看。股份合作制经济是一种由资金联合和劳动联合相结合的企业经济组织形式。它最初是由中国农民在农村改革开放中把股份经济和合作经济的特点结合创新而成的。而私营经济是指生产资料归私人所有，由私人出资，以雇佣劳动为基础进行生产经营的经济形式。至于个体经济，即劳动者个体所有制经济，它是生产资料归个体劳动者所有，以个人及其家庭成员的劳动为基础，劳动成果归劳动者自己直接占有和支配的一种经济形式。

---

① 江泽民:《高举邓小平理论伟大旗帜，把建设有中国特色社会主义事业全面推向二十一世纪——在中国共产党第十五次全国代表大会上的报告(1997年9月12日)》，《人民日报》1997年9月22日，第1版。

从特点来看。股份合作制经济、私营经济、个体经济确实有着不同的特点，尤其是与其相对的三种经济形式的企业更是具有各自的特色。

在企业资本来源上，股份合作制企业的资金是由企业内部职工入股，或至少大部分资金由本企业全体职工筹集的。对于私营企业来说，企业的资金是由私人企业主注资而成的，它由一人或多人为企业提供资金。如合伙制企业，它是由两个以上企业主共同出资，并归若干企业主共同所有。而个体企业的资金则由生产者个人出资。

在企业管理方式上，股份合作制企业采用股东大会与职工大会合一的形式，职工拥有参与决策的权利，特别是对于企业的重大决策享有表决权，股东大会是企业最高权力机构，是职工自主选举表决的结果。股东大会选举产生理事会和监事会，由理事会来聘用经理等主要负责经营的管理人员。对于私营企业来说，独资企业的管理方式与个体企业很相近，在合伙制企业中资金就是由合伙人共同提供的。在企业的管理方面，作为普通合伙人有权代表企业对外签约，进行管理，以及对企业债务承担无限责任。个体企业的运营，由个人全权代表，实行家族式的管理方式，对企业的全部债务承担无限责任。

在企业利润分配上，股份合作制企业实行按股（即按资）分红与按劳分配相结合的原则，这充分体现了劳动和资本对企业利润剩余部分分配的相应权利。一般股份合作制企业交完税后的利润，扣除以前年度亏损，再按一定企业规定，支付公积金、公益金后，再支付股利。由两个以上企业主共同出资的私人合伙企业，他们就是为了共同利润而进行共同经营的，整个企业归于企业主共同所有，其利润分成所负亏损，按照合伙经营合同的规定办法进行。而个体企业，利润归个人，不需与别人分摊，它交纳所得税后，不需要双重扣税。

从性质来看。股份合作制经济是种新型的经济组织形式，是社会主义集体经济的组成部分，对此我国的“五四宪法”和“八二宪法”也都有明确的肯定。它是以合作为基础，以股份为基本组织形式，集股份制与合作制两种优点于一体的一种新型集体经济，它体现公有制的性质和特点，具有产权明晰、管理科学与民主、机制灵活等优点。在现实的经济改革与发展实践中，一经尝试它就显示出强大的发展动力与后劲。这种新型的经济组织形式、管理体制和分配制度，有利于真正调动人们的生产积极性，激发人们的主人翁精神。它是实现共同富裕的有效途径，也是缩小三大差别，消灭剥削的过渡方式之一。它体现了社会主义的本质要求，也适应了我国社会主义初级阶段的生产力状况。它与社会主义现代化目标相一致，是我国当下公有制实现的最佳方式之一。而私营经济早已不是西方社会中完全意义上的私有经济，它是我国社会主义市场经济的重要组成部分，是社会主义混合经济的成分之一。个体经济的性质是明确的，是劳动者个体所有制经济。

从作用、地位及发展的前景来看。实行股份合作制这种经济组织形式，有利于企业进行横向经济联合、改组、兼并、并购，具有充分的活力，促进产业结构和资金的优化组合和调整；有利于政企分开；有利于把社会闲散基金和消费基金转化为积累资金；有利于缓解社会就业的压力；有利于产权界定和股权设置、建立和完善产权制度以及企业的民主协商制度，避免行为短期化。现在我国国有企业职工1亿多人，其中富余人员达3000多万，这些人再就业时往往有许多人走向股份合作制企业。所以，支持和发展股份合作制企业，是在国家不增加投资的情况下，解决大量人员就业问题的有效路径，同时，也使企业改制与融资很好地结合，使资本结构得以改善，筹资成本及负债率得以降低。可见，股份合作制对社会主义现代化建设和社会稳定发展的作用功不可没。股份合作制是现实中国国情的产物，它适应了我国许多中小企业技术水平较为落后、社会化程度较低的现状，满足了劳动密集型和加工型企业的要求，推动了社会生产力的发展。同时，股份制适应了市场经济的发展和社会化大生产的要求。对此，江泽民同志在党的十五大报告中讲道：“股份制是现代企业的一种资本组织形式，有利于所有权和经营权的分离，有利于提高企业和资本的运作效率，资本主义可以用，社会主义也可以用，不能笼统地说股份制是公有还是私有，关键看控股权掌握在谁手中。国家和集体控股，具有明显的公有性，有利于扩大公有资本的支配范围，增强公有制的主体作用。”[①]

私营经济和个体经济的发展，有利于促进社会主义诸经济成分共同发展与繁荣。由于我国仍处于社会主义初级阶段，生产力水平低，经济很不发达，必须改变过去“一大二公”的传统经济发展观念，这是现实社会主义社会经济发展的客观要求，也是社会全面发展的必然要求，从而使社会主义公有制经济的主体地位得以保证，使社会主义制度得以进一步巩固和发展，最终达到共同富裕。对于私营经济和个体经济存在和发展的原因和作用，邓小平同志曾明确地指出：“有计划地利用外资，发展一部分个体经济，都是服从于发展社会主义经济这个总要求的。”[②]这适应了我国私营经济和个体经济发展的目的，也适应了生产力发展多层次、多样化，生产力状况多类型的需要，更适应了生产力增长、社会主义经济和民族经济发展壮大的需要。可见，私营经济和个体经济的发展，对国民经济的发展起到了积极的推动作用。它对社会的稳定起到了一定的平衡作用，不仅扩大了就业门路，也为政府和社会减轻了一定的包袱和就业压力。另外私营企业和个体户按章纳税，为国家增加了财政税收。同时，他们富了不忘乡亲，不忘国家，不忘全国仍有很多贫困人口以及许多失学儿童，主动向希望工程和慈善机构捐款，办学校、修桥、修路等，这一系列造福于社会的行为，对于社会主义经济和精神文明建设起着有力的促进作用，也为国有企业的改革和发展减轻了压力，创造了一种和谐有利的社会环境。这就说明了私营经济和个体经济存在的不可替代性，也反映出私营经济和个体经济发展的必要性和前景的广阔性。

从存在的问题来看。现在股份合作制企业大都实行了“新三会”制度，确立了股东会、董事会、监事会，实行所有权、决策权、执行权的“三权”分离，或者再加上监督权，实行“四权”分离，管理、决策较为民主和科学。但是，现实中我们仍应保持清醒的头脑，既要看到股份合作

---

① 江泽民：《高举邓小平理论伟大旗帜，把建设有中国特色社会主义事业全面推向二十一世纪——在中国共产党第十五次全国代表大会上的报告（1997年9月12日）》，《人民日报》1997年9月22日，第1版。

② 《邓小平文选》第3卷，北京：人民出版社1993年版，第142页。

制积极作用的不可否定性，又要看到操作中问题的多重性以及股份合作制企业本身存在的一系列矛盾的一时难以克服性。

第一，插手行为。股东会、董事会、监事会等虽然建立，但在有的股份合作制企业形同虚设。因为，一些中小企业在改组建制中，仍然由政府将原厂长、经理直接任命为董事长，即使选举也只是过过场，走走形式，因而无法实现“三权”或“四权”的制衡作用，发挥应有的效率。

第二，习惯行为。兼并改组后的企业的董事长往往由原厂长、经理担任，他们的管理观念、方式并未变更，新机构难以发挥应有的作用；从职工本身来说，他们也未摆脱过去的信赖观念，制衡意识不强。所以企业难以形成高效、合理、科学的法人治理结构，难以达到良性运行的效果。

第三，不合理行为。股权设置和股权构成的不科学性和不合理性，造成经营者与职工的积极性难以调动和发挥。现实中，有的股份合作制企业的总经理、董事长由一人担任，这样领导权力过大，但与其本人购买的股份即承担的风险不成比例。另外，职工股分散，集体股过大，导致职工股微乎其微，企业赢与亏与职工个人利益关系不明显，这样，难以唤起职工的主人翁意识，达到对总经理的制衡预期，出现新的“大锅饭”现象。同时，集体股过大，也使总经理充当了一种模糊的角色，企业效益的好坏与自己收益差距也不大，这会使总经理产生偷懒行为或腐败行为，从而出现“损公肥私”的现象。

第四，重股轻规行为。在中小型企业改组转换经营机制的过程中，有的企业可能早该宣布破产但迟迟不动，借改组转制之机大吹“一股就灵”之风，只是重视这种改组建制的形式，或者可以说仅仅看重职工购股的数量；有的甚至强制向职工摊派购买股份，规定每位职工数千元乃至数万元的购买股份，把这看作继续本厂员工资格的“留守票”，根本不重视企业的改革改制，不注重企业法规和现代企业制度的建设。这种改组建制不可能改变企业的面貌，使企业效益得以改善和提高。

在企业的改组建制中值得注意的是，如果不重视企业法规、转制的制度建设，必然使聚集的资金难以得到很好的使用，甚至被盲目滥用挥霍，这不利于整个企业的改革和发展。另外，在国有小型企业的改组建制中，由于有关法规制度不健全，国有资产流失，且较为严重，同时又没有完全解决职工的就业问题，没有建立社会保障制度，这无疑影响社会的稳定和家庭的安宁，对国有大中型企业的改革也会产生不利影响。

私营经济和个体经济，是社会主义市场经济的重要组成部分，对满足人们多样化的需要，增加就业，促进国民经济的发展都起到积极的作用。但同时，它也存在不少的问题和消极的作用。首先，部分私营企业和个体企业资金较少，规模较小，档次不高，缺乏竞争力。其次，除资金不足外，技术含量较低，大多仍停留在过去的拾遗补阙阶段。最后，在社会观念问题上，社会上仍然有不少人，对私营经济和个体经济持不屑一顾的态度，仍存在一些偏见，甚至持完全否定的态度。加上法规不全、政策制定滞后与管理不善，一些私营企业和个体企业一个个难以维系下去。另外，有些私营企业和个体企业偷税漏税现象确实很严重，非法经营假冒伪劣商品等。有的私营企业主、个体户的文化素质较低，高收入高消费，缺乏远大的经营战略眼光。

综上所述，不论从股份合作制经济的内涵，还是从其本质特征以及在我国社会主义市场经济体制改革和建设中的地位作用以及发展前景来看，它与私营经济、个体经济都有着内在本质的不同，股份合作制是社会主义公有制的最好实现形式。实行股份合作制的改组建制，不是实行私有制，更不是推行私有化。我们知道，所谓“私有化”原指西方的经济发展模式，后来指东欧剧变后实行的所谓“改革”做法，把国有资产无偿地或者以有价证券形式分配给职工和居民个人的行为。而健全的股份合作制恰好克服了这种不科学做法的缺陷，也克服了私营经济和个体经济的毛病。在改组建制中，大多数企业防止了国有资产的流失，有的把它作为国有股、集体股保留着，逐步由企业职工购买。国家对于不涉及国计民生的国有中小型企业，也可从中顺利地渐渐退出股权，这样避免了国有资产的流失和“私有化”。至于股份合作制经济是否会走向私营经济，前面已作阐述，它们有着质的不同，退一步说，私营经济在我国的宪法中也有明文规定允许其存在，当然也允许其发展。因此，私营经济的存在和发展是正当的、必要的，更不可以也不应该把私营经济等同于“私有化”。从它本身的内涵、产生的背景、资本的积累、内部的构成及生产的目的来看，私营经济与私有化也是截然不同的。

当然，股份合作制在很大程度上强调劳动者个人所有权，如管理上的个人参与制，利润分配上的个人所有制，那么，股份合作制经济，是否可以等同于个体经济呢？回答是否定的。它们毕竟是两种不同的所有制经济，股份合作制经济的发展方向也不是走向个体经济形式。再者，个体经济的个人所有制也不等于私有制。马克思在《资本论》中讲道："从资本主义生产方式产生的资本主义占有方式，从而资本主义的私有制，是对个人的，以自己劳动为基础的私有制的第一个否定。但资本主义生产由于自然过程的必然性，造成了对自身的否定。这是否定的否定。这种否定不是重新建立私有制，而是在资本主义时代的成就的基础上，也就是说，在协作和对土地及靠劳动本身生产的生产资料的共同占有的基础上，重新建立个人所有制。"[①]由此可见，马克思的重建个人所有制不是重建私有制，而是我们通常所说的社会主义公有制，或者称为社会所有制。这里的"社会所有制"在《马克思恩格斯选集》第1版中曾被译作"公有制"。另外，我们还可以从马克思对《资本论》第1卷法文版亲自所作的校订的中译本中找到答案："这种否定不是重新建立劳动者的私有制"，而恰恰是为了"重新建立劳动者的个人所有制"。可以看出，马克思强调的社会所有制，就是联合起来的劳动者的个人所有制，它的基本特征是以自己劳动为基础，又是协作和共同占有生产资料的联合劳动。这里的个人所有制与社会主义本质是一致的，而不是对立的。而现实的股份合作制正好体现了马克思的这一要求。它使个人的所有制与公有制或社会所有制达到有机的统一，使个人所有不仅不与公有制相矛盾，反而以公有制的存在为前提条件。

总之，尽管在我们的现实股份合作制企业里仍然存在这样或那样不尽如人意的地方，但是我们不能因噎废食，影响和扭转社会主义改革的方向。应该认识到不论股份合作制经济还是私营个体经济，都是我国社会主义市场经济的重要组成部分。为了使中华民族立于世界民族之林，实现我们的宏伟目标，必须大力发展股份合作制经济、私营经济和个体经济，发

---

①《马克思恩格斯选集》第2卷，北京：人民出版社1995年版，第269页。

挥它们在国民经济中的作用，促进社会生产力的发展和人民生活的改善，增强中国的综合国力。股份合作制有利于城乡中小型企业经济规模化与投资社会化的改革，它是“抓大放小”、放开搞活中小企业的重要举措，它也是社会主义公有制的实现形式和向共产主义过渡的有效手段。正确认识股份合作制以及私营经济和个体经济，对于实现国民经济快速健康发展，把农业国尽快建成工业国甚至工业强国有着巨大的推动作用。同时，对于高举邓小平理论伟大旗帜，全面推进建设有中国特色社会主义的伟大事业有着深远的历史意义和巨大的现实意义。

[本文刊载于《芜湖师专学报》(哲学社会科学版)1998年第2期]

“派发”新招浅析

1999年7月，“卡迪那豌豆脆”在北京、天津实行小学派发和地铁派发，2000年1月，宝洁公司在大连市实行公交车派发飘柔定型洗发露新产品，这些做法反响很大。笔者不由联想到小时候听老人说过的故事，洋油（即煤油）传入中国时，一开始也是运用现在称为“派发”这一手段而打开在中国的销路。

当时，中国老百姓点灯多用食用油类。由于食用油含有大量维生素和脂肪，时间不长便会结灯花，光线马上暗下来，需要用剪刀剪去灯花，一晚上不知要剪多少次，这样既影响学习和工作，又非常浪费灯芯。洋人发现这一潜在的巨大市场之后，马上把洋油运进大上海，一开始摆在大街上，但是，很长时间没人理会。没办法，只好登门入户派发，老百姓在洋人走后，抱着好玩和试探的心理用洋油照明，这一试便一发不可收，发现还是洋油好用，价格比食用油便宜，使用上又比食用油方便，光亮度较足，结灯花的时间大大拉长，也节省了灯芯。从此，中国城乡都开始使用洋油照明，旧的上海滩又多了一位大富翁——洋油大王。

在中国乡村经过20多年改革开放之后，“洋油灯”早已进入了历史的博物馆。但是，洋人那种派发营销的精神和方式至今仍值得我们学习和借鉴。广州宝洁公司、上海利华公司都把产品免费送到消费者手中，这正是对过去派发方式的继承和发展。

目前，种种派发方式中虽有许多优势，但也存在一些不足之处。比如宝洁公司的车派，由于乘公交车的多是一些上班族，时间观念强，来去匆匆，派发人员只能把新产品送到他们手上，难有更多的时间来解释、说明和加以宣传。有的乘客则不知所云，误以为又是什么“敲诈”，躲避不及。即使把相关宣传品和产品塞进他们的手中，往往也不屑一顾，认为与广告宣传品上的说明内容大致差不多，都是老王卖瓜，自卖自夸。当然，如果在车派之前已做过一定的宣传和广告可能效果会好一些。但是，广告宣传本身要花费一笔不小的开支，用派发手段的目的就是省去这笔费用，把利益转让给潜在消费者。那么，不用广告而借助于配合适当的户派效果可能也会更好，但这种配合方式易于重复。不过，仅就户派而言它也不是最佳的方式。受社会安全系数等因素的影响，人们对于公司的入户派发，不自觉地产生一种防卫心理，把防盗门关得紧紧的，谢绝派发，更无耐心听取派发人员的解释和宣传说明。还有街头巷尾的街派、店派和邮派等，都不失为一种方式。但是，都难以产生理想效果。笔者认为，相比之下，如采用“市派”，或许能起到更为有效的作用。

所谓“市派”，是指经营者为了企业的一定目标，在居民区附近的菜市场向潜在的目标顾客免费发送企业的产品（或试用的新产品）和广告宣传单的商业行为。这种派发可以避免入户派发所引起的防范心理障碍，也可避免车派的匆忙性，还可避免街派的滥发性和邮派的盲目性，以及店派的局限性，等等。市派的具体优点可以归纳为如下几点。

第一，市派可以使派发人员与潜在消费者之间有足够的时间交流和沟通。他们也有时间和耐心听取商家的宣传、解释和说明。因为，买菜是每户每天（或至少每周）无法省略的事，往往要专门安排足够的时间去购买，这种充分的交流与沟通有利于树立企业的良好形象。

第二，市派行为对象准确。因为，去市场买菜者除了老大爷、老太太或保姆外，多为工薪阶层人员，生活日常用品是他们最关心的事，对价格也非常敏感，虽然，不像少男少女那样赶潮流，但对新产品也有种特别的好奇感，很想了解新产品的功能效果，特别是价格是否公道、能否承受，很想做到心中有数，掌握企业派发新产品的真实状况。另外，他们往往是支配家庭开支的主要管理者和当家人。

第三，市派使潜在顾客更具有相互传播的无形广告效应。这些买菜的工薪阶层人员、保姆和家庭主妇，对一种新的日常生活用品的问世情有独钟，往往成为他们相互转告和谈话的重要资料，更想伸手一试。所以，他们会更有耐心地听取派发人员的广告宣传与介绍，从而产生良好的印象。同时，他们的媒介口碑效应是巨大的，由他们之间相互说明购买的产品，比专门从电视广告获得的产品信息而进行购买的效应大得多。

第四，市派具有一定的广泛性。它在一定程度上克服了店派的局限性，但从上述的争执中可见，市派、街派、车派，各有其长，也各有所短。以上各种派发中仍然忽略了另一部分人，这就是年轻的在校大学生和中小学生。正因为如此，有人专门进入大学校园的男女生宿舍或在校食堂门口进行派发，或者直接对中小学校进行派发，笔者把这称为“校派”。这也不失为一种较好的广告宣传和推销、促销方式。但这是针对特别明显的、新特定的产品和消费者而言的，同时校派必然具有很大的局限性。至于邮派或话派（用电话告知，请潜在消费者来某地自取），其规模必然很有限，针对性也特别强，经过了一次次的筛选。就其费用来说，也不见得节省，而往往又给潜在消费者带来麻烦和不方便，需要花专门的时间去取包裹或物品。在“时间就是金钱”的时代这难说是一种较佳的方式了。

第五，市派可以节省大量的人力资源。因为，菜市场是潜在消费者比较集中的地方。同时，公司到各菜市场派发在时间上可以间隔开来。当然，如果公司人力允许的话，可以分成多组，一天内在市内所有菜市场或选准的几个区的菜市场同时派发。

第六，市派可以避免派发的重复性。因为，在一个菜市场可安排一天时间或一个上午或一个下午的时间进行派发都是可以的，往往也很少重发。居民的买菜时间、区域是相对比较固定的，往往在固定时间就近购买，这也避免了派发的重复性。

第七，市派可以避免工会派发的被动性。目前有的公司为减少派发程序和环节，节省人力，与有关企事业单位的工会联系，把派发品全部委托将其派发给该单位的所有员工，这对派发产品的公司来说确实省心，也省人力，但是，这种做法把公司派发人员与潜在消费者面对面的感情交流与沟通，以及派发人员极力向潜在消费者宣讲派发产品的功能等优势，以及以此来树立企业的良好形象的机会无疑也全部让渡出去，一切显得极为被动。

第八，市派有利于派发公司对派发人员的组织和管理。因为，市派场所相对固定，透明度高，便于公司相关负责人的巡视与监督。而其他派发，如入户派发、邮派、车派等，派发人员可以轻易地有意漏派，将其派发产品据为己有，或者偷卖派发品，或者有意地重派等等。实行市派可以组成小组在特定的时间、特定的场合共同派发，从而避免一系列损害公司利益与形象的不良现象的产生。

综上所述，各种派发都有其优势，同样，也各有其不足，不可一概而论。对于经营者和商家而言，还要做具体分析，还要看其具体产品是否适宜于作某一种派发，这是很关键的，这一切有待进一步去研究和探讨。

[本文刊载于《商业研究》2000年第12期]

第二篇

国家治理视域下的政治发展与执政党建设

近年来党的执政能力建设研究综述

一、关于执政党能力建设问题提出的背景及意义

（一）关于执政党能力建设提出的背景

关于党的执政能力建设提出的背景问题，学术界争议不大。学者基本上都遵从十六届四中全会的精神，只是在具体表述上有所差异而已。徐鸿武教授认为，党近年来突出强调党的执政能力建设，把执政能力建设作为党的建设的“重中之重”，这不是偶然的，而是有着深刻的国际国内背景。从国际形势看，和平与发展仍然是当今时代的主题，世界格局多极化、经济全球化和科学技术迅猛发展是国际形势的发展趋势和主要特点。从国内形势看，我国改革发展正处在关键时期。[①]

关于党的执政能力建设的原因背景，学界的主要看法有两个方面：一方面是党深刻吸取世界上一些执政党兴衰成败的经验教训，另一方面是中国共产党作为执政党其自身问题不少。黄宗良教授也认为，主要可以从国际国内两个方面来看，必须加强中国共产党的执政能力建设。[②]

---

① 参见徐鸿武:《全面提升党的执政能力的重要纲领——学习党的十六大四中全会决定》,《国家行政学院学报》2005年第1期,第15—17页。

② 参见黄宗良:《借鉴外国政党执政经验加强党的执政能力建设》,《党建》2004年第9期,第11—12页。

（二）关于执政党能力建设问题提出的意义

学者在谈及加强党的执政能力建设的意义时，大多引用《中共中央关于加强党的执政能力建设的决定》（以下简称《决定》）的说法，这是关系社会主义事业的兴衰成败、关系中华民族的前途命运、关系党的生死存亡和国家长治久安的重大战略课题。有的学者表述为，加强党的执政能力建设，是我们党对新的历史方位和历史使命的清醒认识，是我们党对面临的新形势、新任务、新要求的准确把握，是全面推进中国特色社会主义事业和党的建设新的伟大工程的重大举措。

有的学者提出，加强党的执政能力建设，提高党的领导水平和执政水平，巩固党的执政地位和领导地位是增强党的执政基础的需要，是实现党在新世纪的伟大奋斗目标的需要。也有的学者认为，提出全面加强党的执政能力建设的要求，对于全面推进党的建设新的伟大工程具有重大指导意义。

还有的学者从基层党组织建设的角度来论述加强执政能力建设的意义，认为基层党组织的执政能力建设是党的执政能力建设的重要组成部分，基层党组织的作用体现了党执政能力的基本内涵，基层党组织和基层党员的形象直接代表党的执政能力和执政水平，体现党的形象。

二、关于执政党能力建设的概念内涵和内容

（一）关于党的执政能力的含义

关于执政党能力的内涵问题，学术界的争论较大。但是，比较集中的看法是治理管理说。徐鸿武教授提出，党的执政能力就是党治理国家的能力。《决定》揭示了执政能力丰富的科学内涵。[①]有的学者认为执政能力，是指执政党管理国家各项事务的能力和本领。正如党的十六届四中全会所指出的：党的执政能力，就是党提出和运用正确的理论、路线、方针、政

① 参见徐鸿武:《全面提升党的执政能力的重要纲领——学习党的十六届四中全会决定》,《国家行政学院学报》2005年第1期,第17页。

策和策略，领导制定和实施宪法和法律，采取科学的领导制度和领导方式，动员和组织人民依法管理国家和社会事务、经济和文化事业，有效治党治国治军，建设社会主义现代化国家的本领。还有的学者认为，党的执政能力就是党领导和支持人民群众控制国家政权的能力，它主要是指党在领导管理国家和社会事务的过程中表现出来的治理本领。黄卫平教授认为，政党的执政能力指的是特定执政党依照所在国法律规定的程序与方式，执掌和行使国家公共权力，从而有效实现其利益代表和既定治国理念的本领。还有的认为，执政能力是执政党以国家机器为杠杆，在治理国家，造福社会，协调不同阶层和集团的利益关系，妥善处理各种复杂矛盾和突发性事件方面所表现出的能力。

王长江教授认为，从内容上讲，不同主体的执政能力内容也不相同。如果主体是各级党员干部和党员，那么，提高党的执政能力，就是要提高党员干部和党员的素质和水平。如果主体是共产党整体，那么，党的执政能力就是党完成历史使命、历史任务的能力。

有的学者认为，按照通常的理解，所谓党的执政能力，讲的无非是党掌握和运用权力的本领。还有的学者认为，执政能力从一定意义上说，就是执政党运用国家政权等执政资源，调动一切积极因素，把国家建设好的本领。有的学者认为，执政能力从根本上来说，最核心的一点，就是执政党使自己的执政得到公众普遍认同的能力，执政能力建设的关键，是要使党的执政得到公众普遍的认同。还有的学者表述为，执政能力说到底就是执政为民的能力。也有的学者认为，党的执政能力是党在领导、管理国家和社会事务中所具有的能力和水平，是一个党的理论水平、领导水平和自身建设水平的综合体现。①

（二）关于执政党能力建设的内容

此前，关于党的执政能力建设的内容，学术界主要有“五种能力”等提法。党的十六届四中全会的决定指出：按照推动社会主义物质文明、政治文明、精神文明协调发展的要求，不断提高驾驭社会主义市场经济的能

① 参见何增光：《中共七大与党的执政能力建设》，《毛泽东思想研究》2005年第4期，第14—18页。

力、发展社会主义民主政治的能力、建设社会主义先进文化的能力、构建社会主义和谐社会的能力、应对国际局势和处理国际事务的能力。后者关于党的执政能力建设的内容对前者作了进一步的深化与发展，并作了详细的论述。学术界对此问题作了更为深入的阐发，既遵从《决定》精神，又进行深刻的领会。有学者对此作了较为详细的分析。首先，十六大提出的“五种能力”主要是对各级党委和领导干部提出的要求，侧重点在于各级党政领导干部应当具备什么样的执政素质和本领。《决定》提出的“五个方面能力”，则是针对党的总体执政能力提出的要求。其次，十六大提出的“五种能力”，有的是从领导干部工作能力的角度来划分的，有的是从经济、政治、文化等现代化建设的领域来划分的，有的是从党的执政方式来划分的。而《决定》的“五个方面能力”则涵盖了治党治国治军、内政外交国防等党执政活动的全部领域。再次，十六大提出的“五种能力”，要达到的目标是各级党委和领导干部在领导水平和领导能力方面的提高和增强。而《决定》提出的“五个方面能力”要达到的目标，既有党的建设新的伟大工程的目标，也有中国特色社会主义伟大事业的目标，即带领全国各族人民实现国家富强、民族振兴、社会和谐、人民幸福。黄卫平教授的看法是当前尤其需要重点提高五种能力，即：民意代表和利益整合的能力；依法执政和治国的能力；信息汲取和筛选的能力；意识形态理论的创新能力；驾驭竞争性选举政治的能力。

有学者认为，提高执政能力建设是具体的。要提高执政能力，就必须首先找出领导班子、党员干部在工作能力方面的差距。一看拍板、决策的“准确度”；二看经济和社会的“发展度”；三看人民群众的“满意度”；四看社会治安的“稳定度”；五看干部行为的“合法度”。

也有学者认为，全党都要从执政理念、执政基础、执政方略、执政体制、执政方式、执政资源、执政环境等方面，采取切实措施，加强执政能力建设。有学者强调提高全党运用科学发展观统领我国经济社会全面协调可持续发展的能力，是加强党的执政能力建设的重要内容。还有学者强调要不断研究新情况、解决新问题、创造新机制、增长新本领，全面加强和改进党的建设。

三、关于加强执政党能力建设的目的和任务

关于加强党的执政能力建设的总体目标，有不少学者引用了十六届四中全会的内容，通过全党共同努力，使党始终成为立党为公、执政为民的执政党，成为科学执政、民主执政、依法执政的执政党，成为求真务实、开拓创新、勤政高效、清正廉洁的执政党，归根到底成为始终做到“三个代表”、永远保持先进性、经得住各种风浪考验的马克思主义执政党。还有的学者认为，执政能力建设的根本目的是实现和维护人民群众的根本利益。

关于加强执政党能力建设任务的观点主要如下：执政党能力建设的目的就是要坚持把发展作为党执政兴国的第一要务；要坚持党的领导，改革和完善党的领导体制与方式；要坚持马克思主义在意识形态领域的指导地位；要坚持最广泛最充分地调动一切积极因素，密切联系群众，维护社会稳定；要坚持独立自主的和平外交政策，增强同国际社会交往的本领，同时，不断提高“五种能力”。也有的学者从基层组织和党员队伍建设角度提出：一是提高创造力；二是增强凝聚力；三是提高战斗力；四是扩大影响力。还有学者认为，就是使执政方略更加完善，执政体制更加健全，执政方式更加科学，执政基础更加巩固。

四、关于加强执政党能力建设的途径和方法

（一）关于加强执政党能力建设的途径

关于加强执政党能力建设的途径问题，有的强调素质，有的强调机制，有的强调思想意识等。不过，对于这一问题，不少学者引用了《决定》中的提法，着重从思想和作风、体制和机制、方式和方法、素质和本领等方面讨论。有的学者认为，一是要进一步解放思想，大胆吸收人类政治文明成果；二是要从根本上解决选人用人不公问题，真正把优秀人才选

拔到各级重要领导岗位；三是在党内建立一套防错纠错机制，以减少并避免重大决策的失误造成的损失；四是改革基层党组织的工作机制和工作方式。

有学者认为，加强执政能力建设就是要增强执政意识，提高执政能力：一是执政为民的宗旨意识；二是执政兴国的发展意识；三是依法执政的法治意识。也有的学者认为，加强党的执政能力建设就必须加强理论修养，切实提高思想政治素质；加强道德修养，牢固树立宗旨意识；加强知识修养，不断增强工作本领。

还有学者认为，提高党的执政能力的最佳选择：一是党协调自身与国家、社会的关系的能力，从根本上说是一个机制和体制的建设问题；二是全党进一步落实“三个代表”重要思想，最重要、最根本的是体制和机制上的落实；三是贯彻落实“依法治国”的方略，重要的是改革党的执政体制、机制和制度。

（二）关于加强执政党能力建设的方法

关于加强执政党能力建设的方法问题，有的学者认为最为重要的是执政党要学会处理好各种关系，有的认为最关键的是实行党内民主管理的方法，也有的认为最要紧的是制度建设的方法，等等。

李强教授认为，要切实提高领导干部的执政能力：一是处理好个人从政意识与党的执政理念的关系；二是处理好个人从政能力与党的执政目标的关系；三是处理好个人从政作风与党的制度建设的关系。李君如教授认为，作为执政党的中国共产党在执政过程中必需处理好五个方面的关系：一是执政党党委与国家权力系统（人大、政府）之间的关系；二是执政党与参政党，即中国共产党与各民主党派和无党派民主人士之间的关系；三是中国共产党与人民群众包括各人民团体之间的关系；四是执政党与国际社会包括各国政党的关系；五是中国共产党内部各单位、各部门之间的关系。有的学者认为，要提高党的执政能力，必须改善四大关系：党群关系，党政关系，党内关系，党际关系。

也有学者认为，加强党的执政能力建设，应注重做到五个结合：把执政能力建设同立党为公、执政为民结合起来；把执政能力建设同世界潮流、历史趋势结合起来；把执政能力建设同树立和落实科学发展观结合起来；把执政能力建设同发扬党的优良作风结合起来；把执政能力建设同领导干部的思想修养结合起来。

在关于如何借鉴外国政党执政的经验教训加强党的执政能力建设的问题上，中联部部长王家瑞曾在接受记者采访时讲道：目前世界上有5000多个政党，在全世界，只有20多个国家和地区没有政党存在，其他国家和地区都实行政党政治。不论采取何种模式，执政党都会遇到一些共同问题。我们应借鉴一些国家的成功失败的经验教训：一是顺应时代发展趋势，加强理论创新能力；二是进一步扩大党内民主，加强组织动员能力；三是通过政策调研，加强执政党的决策能力；四是制定和完善社会政策，提高发展社会经济能力；五是强化危机防范机制，增强应对突发危机能力；六是通过积极的党际交往，加强对外交往能力。①

还有不少学者主张实行自下而上的方式，从如何加强基层党组织执政能力建设问题的角度提出自己的看法。有的认为，把加强党的基层组织和党员队伍建设放到突出地位，围绕提高党的执政能力全面加强和改进基层党的建设。有学者认为，加强执政党能力建设的办法是多角度的。也有学者认为，提高党的执政能力的核心是党内民主建设。还有不少学者引用了《决定》中“五个一”的说法。

总之，执政党能力建设是一项与时俱进的复杂系统工程，不断提高党的领导水平和执政能力，将是一项长期的重要任务，绝不可能一蹴而就。

[本文刊载于《社会主义研究》2005年第6期]

① 参见王家瑞：《借鉴各国经验，加强执政能力——王家瑞部长谈外国政党执政的经验教训》，《当代世界》2005年第1期，第4—7页。

列宁执政党党风建设理论研究

东欧剧变，苏联解体，是多种因素综合作用的结果。其中一个重要的原因是苏东各国的工人阶级政党长期忽视执政党的党风建设。常言道：物必先腐，而后生虫。这个教训是十分深刻的，面对西方“和平演变”的阴谋，中国共产党要立于不败之地，关键是要把自身建设好。因此，今天我们重新学习列宁关于执政党党风建设的理论，对于我们坚定共产主义信念，进一步搞好改革开放，建设有中国特色社会主义，取得反“和平演变”斗争的最终胜利具有重大现实意义。

苏联十月社会主义革命胜利以后，布尔什维克党由秘密的地下状态上升为执政党，党的工作重心也由武装夺取政权转变为保卫红色政权和进行社会主义经济建设。鉴于党的地位的变化和工作重心的转移，列宁十分担心一些党员和党的干部产生脱离群众的官僚主义倾向。

列宁不仅指出了加强执政党的党风建设的重要性，而且对于如何加强执政党的党风建设也作出了精辟的论述。

一、在政治上，必须永葆党的无产阶级政治本色

列宁曾经指出：“只有社会民主党，觉悟的无产阶级的政党，才是一贯坚持严格的党性的。”[①]“我们的任务是要维护我们党的坚定性、彻底性

---

①《列宁选集》第1卷，北京：人民出版社1995年版，第677页。

和纯洁性。我们应当努力把党员的称号和作用提高，提高，再提高。”[①]共产党的党性是其最基本的政治特征，它是无产阶级阶级性的集中表现。共产党是由无产阶级中最有觉悟的先进分子组成的，因而是这个阶级的先进代表。作为共产党的阶级基础的无产阶级，是先进生产力的代表者，是最富有革命性、组织性和最有力量、最有前途的阶级。共产党作为工人阶级的先进部队，必须代表工人阶级的根本利益，并为实现这种利益进行不懈的斗争，共产党的组织和广大党员必须保持坚定的革命立场和顽强的斗争精神。列宁说：“无产阶级的党是一个自由的联盟，建立这个党就是为了同资产阶级‘思想’（应读作：意识形态）作斗争，为了捍卫和实现一种明确的世界观，即马克思主义的世界观。”[②]这个政党“应当是独立的、纯粹无产阶级的政党，应当坚定不移地领导劳动群众去实现他们的伟大的社会主义目标”[③]。党的革命精神，就是指这个政党能发现并掌握社会发展的规律，顺应历史发展的要求，按照历史发展的方向，推动社会不断进步。共产党的最终奋斗目标是消灭一切剥削阶级和阶级差别，大力发展经济和文化，实现人人都过上幸福生活的共产主义社会。为了永葆共产党的无产阶级政治本色，还必须有科学的理论武装全党，在具体组织措施上，坚持从严治党。

二、在思想上，必须以马克思主义理论为指南

列宁认为，“严格的无产阶级世界观只有一个，这就是马克思主义”[④]，就是辩证唯物主义。列宁说：“我们的党纲完全是建立在科学的而且是唯物主义的世界观上的。”[⑤]他还说：“即使在最困难的条件下，也要挖矿石，炼生铁，铸造马克思主义世界观以及与这一世界观相适应的上层

①《列宁全集》第7卷，北京：人民出版社1986年版，第272页。

②《列宁全集》第19卷，北京：人民出版社1989年版，第309页。

③《列宁选集》第1卷，北京：人民出版社1995年版，第783页。

④《列宁全集》第10卷，北京：人民出版社1987年版，第271页。

⑤《列宁全集》第12卷，北京：人民出版社2017年版，第134页。

建筑的纯钢。”[①]列宁认为，认识和掌握马克思主义科学世界观，可以帮助无产阶级政党了解无产阶级的历史地位和他们的伟大历史使命；帮助党洞察事物发展的客观规律。同时指出：“没有革命理论，就不会有坚强的社会党。”[②]如果这个党不去研究和运用马克思主义理论，这个党就不会坚强有力。没有马克思主义理论武装的党，没有建立在马克思主义理论基础之上的党，就不能有真正的伟大的革命运动。这在无产阶级夺取政权以后依然是非常重要的。

三、在组织原则上，必须坚持民主集中制原则，加强党的组织建设

只有按照民主集中制原则建立起来的无产阶级政党，才能集中群众的智慧，发挥群众的积极性、主动性，处理好领导同群众的关系，使领导做出符合实际的决策。当然，列宁在强调在党内充分发扬民主的同时，又指出，“决不把民主变成偶像”[③]。这绝不是否认集中和纪律，而是要在扩大民主的同时，加强党的集中统一领导，实行严格的纪律。列宁认为，这两者不可偏废。所以他说：“我们主张民主集中制。因此必须弄明白，民主集中制一方面同官僚主义集中制，另一方面同无政府主义有多么大的区别。”[④]

在具体组织建设方面，列宁认为布尔什维克党只有对党员提出更严格的要求，才能提高党员的质量，树立好的形象。首先，要坚持党员标准，严格入党条件。1919年3月俄共（布）八大通过了改善党员社会成分和进行重新登记的决议，提出要认真注意党的成分，出身不同的新党员要有不同期限的预备期。1929年3月，俄共（布）十一大上列宁提出延长新党员预备期的建议。列宁对发展党员一直十分谨慎，以避免那些“趋炎附势，巧于钻营”的人混入党内。同时，严惩犯罪的党员，处理不合格的党员。

①《列宁全集》第20卷，北京：人民出版社1989年版，第95页。

②《列宁选集》第1卷，北京:人民出版社1995年版，第274页。

③《列宁选集》第4卷，北京：人民出版社1995年版，第429页。

④《列宁全集》第34卷，北京：人民出版社1985年版，第139页。

列宁主张对违法乱纪的党员从严惩处。当年，俄共（布）莫斯科市委姑息犯罪党员的问题被揭发后，列宁愤怒斥责："可耻和荒唐到了极点：执政党庇护'自己的'坏蛋!!"[①]后来，列宁除了对有关组织进行处分以外，还提出共产党员犯了罪，"法庭对共产党员的惩处必须严于非党员"[②]。其次，需要加强对党员的教育。主要是进行共产主义思想和科学文化知识的教育，从而提高党员的素质，因为党组织在发展中难免造成组织不纯现象。"冒险家和其他危害分子乘机混到执政党里来，这是完全不可避免的。""全部问题在于，以健康的强有力的先进阶级作为依靠的执政党，要善于清洗自己的队伍。"[③]只有这样才能保证党员的质量，才能保持党的优良作风，从而克服不正之风和减少腐败行为。再次，严格党的纪律。列宁认为新型马克思主义政党要有铁的纪律。为了保证全党的团结和工作步调一致，需要全党在组织上的统一，这种统一如没有正式规定的党章，没有少数服从多数的原则和部分服从整体的原则，是无法做到的。党的规定和组织纪律，全党上下所有的人都应当遵守，任何人都没有权利违反党的章程、破坏党的纪律。他特别强调"无产阶级实现无条件的集中和极严格的纪律，是战胜资产阶级的基本条件之一"[④]。

四、在具体工作和方法上，必须建立和健全党的监督制度

列宁认为，脱离群众是执政党最严重的问题，也是执政党加强党风建设中最为突出的问题。列宁一针见血地指出了官僚主义的危害性："我们所有经济机构的一切工作中最大的毛病就是官僚主义。共产党员成了官僚主义者。如果说有什么东西会把我们毁掉的话，那就是这个。"[⑤]共产党员怎么会成了官僚主义者呢？列宁认为，首先，应该认识到社会主义社会和资本主义社会产生官僚主义的经济根源有所不同。"我们这里官僚主义的

①《回忆列宁》第4卷，北京：人民出版社1982年版，第131页。
②《列宁全集》第43卷，北京：人民出版社1987年版，第53页。
③《列宁选集》第4卷，北京：人民出版社1995年版，第22页。
④《列宁选集》第4卷，北京：人民出版社1995年版，第135页。
⑤《列宁全集》第52卷，北京：人民出版社1988年版，第300页。

经济根源是另外一种：小生产者的分散性和涣散性，他们的贫困、不开化，交通的闭塞，文盲现象的存在，缺乏农工业之间的流转，缺乏两者之间的联系和协作。”[①]这种经济文化落后状态，既有历史原因，也和当时战争的破坏有关。“我们知道，官僚主义和拖拉作风主要是同俄国的文化水平低、战争所造成的严重经济破坏和贫困等后果有关的。”[②]其次，列宁也看到了社会主义制度自身的不完善，其缺点、弊病也是产生官僚主义的原因之一。列宁认为，当时俄国实行的干部制度是自上而下的任免制，人民群众对领导干部的选择、罢免权就不能落实，也不能实行有效监督。“苏维埃政权在原则上实行了高得无比的无产阶级民主，对全世界作出实行这种民主的榜样，可是这种文化上的落后却限制了苏维埃政权的作用并使官僚制度复活。说起来苏维埃机构是全体劳动者都可以参加的。”[③]这样，许多干部自觉或不自觉地只对上级负责，对人民群众不予重视，不负责任。再次，列宁还指出，在无产阶级夺取政权之前，在资本主义条件下，由于雇佣奴隶制和群众贫困的整个环境，民主制被缩小，压抑并阉割得残缺不全了。“因为这个缘故，而且仅仅因为这个缘故，我们政治组织和工会组织内的公职人员是受到了资本主义环境的腐蚀（确切些说，有被腐蚀的趋势），是有变为官僚的趋势。”[④]另外，有人“装成共产主义者，并且为了更便于往上爬而设法取得俄国共产党的党证。结果，把他们赶出门外，他们又从窗口飞进来”[⑤]。

官僚主义产生和存在的原因是非常复杂的。执政党应如何克服官僚主义，清除腐败呢？列宁认为，官僚主义只能经过长期的顽强的斗争使它逐渐减小，需要慢慢治疗，不能像割除“肿瘤”那样一下子“彻底消灭”，他主张必须对党员和干部进行监督，并从上到下建立一整套规章制度。1920年，在俄共（布）第九次全国代表会议上提出的《关于党的建设的当前任务的决议草案》中，列宁建议成立一个由党代会民主选举产生的同中

①《列宁选集》第4卷，北京：人民出版社1995年版，第511页。
②《列宁全集》第41卷，北京：人民出版社1986年版，第273页。
③《列宁全集》第36卷，北京：人民出版社1985年版，第150页。
④《列宁选集》第3卷，北京：人民出版社1995年版，第216页。
⑤《列宁选集》第3卷，北京：人民出版社1995年版，第770页。

央委员会平行的监察委员会，建议获得通过。1921年，列宁在俄共（布）十一大上，进一步决定成立党的地方监察委员会，其目的和任务是应对党内的官僚主义作风，防止党员滥用职权，以权谋私，同一切破坏全党团结的错误言行进行斗争，以维护党的统一和威信，增强党的战斗保垒作用。后来，列宁病重期间，还向俄共（布）十二大提出了《我们怎样改组工农检查院》的建议，依然关心党的监察工作。在社会主义建设中，要加强执政党的党风建设，一刻也不能放松对官僚主义的斗争，务必不断提高党员、干部和人民群众的科学知识水平和政治觉悟，还必须重视发动群众参加管理和进行监督，“只有当全体居民都参加管理工作时，才能把反官僚主义的斗争进行到底，直到取得完全的胜利”①。

五、加强党与群众的密切联系，是执政党党风建设的关键

早在1918年俄共（布）第七次代表大会上，列宁就强调党要保持同群众的密切联系，只有联系群众，才能更好地教育群众。1919年在俄共（布）第八次代表大会上，列宁在《关于党纲的报告》中，再次强调反对官僚主义和密切联系群众的重要性。大会根据列宁的报告精神，在关于党的建设决议中专门写了“党与群众的联系”一节。列宁还领导俄共（布）采取了一系列措施：一是加强对党员、干部的教育工作；二是提出党和国家干部经常深入实际和基层，从制度上保证他们不脱离群众；三是采取了精简机构，吸引群众参加管理和广泛开展批评等办法，从组织上保证广大干部不脱离群众。列宁说：“我们需要的是能够经常同群众保持真正的联系的党，善于领导这些群众的党。”②他认为，马克思和恩格斯创立的历史唯物主义，其基本点就是强调历史活动是群众的事业，历史是人民群众创造的。党同人民群众始终保持密切联系，是党不可战胜的力量源泉。共产党是无产阶级的先锋队，但是，只靠先锋队是不可能不可战胜的。先锋队“只是整个无产阶级中的一小部分，而无产阶级又只是全体居民群众中的

① 《列宁全集》第36卷，北京：人民出版社1985年版，第154页。

② 《列宁全集》第39卷，北京：人民出版社1986年版，第225页。

一小部分”[①]。列宁总结革命的经验教训说：“我国革命的教训就是：只有以一定的阶级为依靠的政党才是强有力的，才能在形势发生各种各样的转变的时期安然无恙。公开的政治斗争迫使政党更紧密地联系群众，因为没有这种联系，政党就没有什么用处。”[②]因此，“只有相信人民的人，只有投入人民生气勃勃的创造力泉源中去的人，才能获得胜利并保持政权”[③]。他认为，执政党不仅要对自己的领导工作负责，而且要对自己领导群众所做的事情负责。强调党要以正确的态度和方法对待群众，党是人民的公仆，要善于批评和自我批评，敢于公开承认错误，认真改正错误，这就是对人民群众负责的态度。这种求实精神和革命胆略，是执政党赖以生存和发展的基础，也是搞好党风建设的关键。列宁认为：“我们应当说真话，因为这是我们的力量所在。”[④]“一个政党对自己的错误所抱的态度，是衡量这个党是否郑重，是否真正履行它对本阶级和劳动群众所负义务的一个最重要最可靠的尺度。公开承认错误，揭露犯错误的原因，分析产生错误的原因，分析产生错误的环境，仔细讨论改正错误的方法——这才是一个郑重的党的标志。”[⑤]党要密切联系群众，争取落后群众，积极引导群众，向群众灌输社会主义意识，提高群众的觉悟，坚决反对尾巴主义。

总之，列宁关于执政党的党风建设的一系列论述是极为重要的，为我们加强党的建设和改善党的领导，提供了锐利的思想武器，有着巨大的现实指导意义。

[本文刊载于《芜湖师专学报》(哲学社会科学版)1992年第4期]

①《列宁全集》第41卷，北京：人民出版社1986年版，第216页。
②《列宁全集》第17卷，北京：人民出版社1988年版，第325页。
③《列宁全集》第33卷，北京：人民出版社1985年版，第57页。
④《列宁全集》第11卷，北京：人民出版社1987年版，第333页。
⑤《列宁选集》第4卷，北京:人民出版社1995年版，第167页。

江泽民党的执政能力建设思想研究

◎朱小飞* 何源章

胡锦涛同志讲过："党的先进性和党的执政地位都不是一劳永逸"，"我们坚持党要管党、从严治党"。[①]而世情、国情、党情、民情的发展变化，决定了加强党的建设既十分重要又十分紧迫。"学习《江泽民文选》是当前和今后一个时期党的思想政治建设和党员干部理论学习培训的重要任务"。"对于我们提高应对国际国内复杂局面、领导建设中国特色社会主义事业的能力和水平，加强党的执政能力建设和先进性建设，具有十分重大的意义。"[②]

列宁、毛泽东在分别领导俄国、中国的社会主义建设实践时，也都强调过执政党要取得社会主义事业的胜利，必须加强自身建设。面对21世纪错综复杂的国内外局势，党的第三代领导人江泽民同志对党的执政能力建设问题作了深入的思考，进一步丰富和发展了邓小平关于党的建设理论。今天，对此理论再作一番深入的探究，对于认识与把握党的执政规律，加强党的执政能力建设，提高党的执政能力，巩固党的执政地位，构建社会主义和谐社会，进一步完善中国特色社会主义理论体系，无疑有积极作用。

---

* 朱小飞（1987—），男，安徽省安庆市人，新东方教育科技（集团）有限公司职员。

① 胡锦涛：《在纪念党的十一届三中全会召开30周年大会上的讲话》，《求是》2008年第24期，第6页。

② 胡锦涛：《在学习〈江泽民文选〉报告会上的讲话》，《求是》2006年第16期，第4页。

一、党的执政能力建设理论的提出

邓小平曾提出“什么是社会主义，怎样建设社会主义”的重大课题。在此基础上，党的第三代领导集体又提出“建设什么样的党，怎样建设党”的新的历史课题。这是我们党在新时期全面加强和改进党的建设的行动指南。

第一次提出提高党的执政能力与加强党的执政能力建设理论的是江泽民同志。但是，究竟何时明确提出“执政能力”这一概念？江泽民同志曾提出：“我们必须强化执政意识，提高执政本领。”①这里的“本领”就是指党的执政“能力”。在党的十四大报告中江泽民同志说，我们一定要结合新的实际，“加强和改进党的建设，努力提高党的执政水平和领导水平”②。相当长的时期内，他在讲到提高或增强党的执政能力时，多是用增强党的创造力、凝聚力、生机和活力等词句。1994年12月2日，江泽民同志《在全国组织工作会议上的讲话》中讲道：“一些领导班子整体素质不高，不少领导成员的知识水平、马克思主义理论水平特别是驾驭社会主义市场经济的能力，同新形势新任务的要求不相适应。”③比较早地提及了执政能力相关的具体内容。之后，江泽民在《关于讲政治》的讲话中讲道：“只有讲政治，才能使广大干部特别是各级领导干部提高思想政治素质，增强总揽和驾驭全局的能力，从而提高领导经济建设和现代化建设的水平。”④在党的十五大上他又讲道：“坚持理论联系实际，学以致用，提高马克思主义的理论水平，提高解决实际问题的能力，在改造客观世界的同时改造主观世界。”⑤

首次明确提及“执政能力”一词是在1999年1月11日。江泽民同志在《论加强和改进学习》的讲话中讲道：“思想理论素质是领导素质的灵魂。

①《江泽民文选》第1卷，北京：人民出版社2006年版，第92页。

②《江泽民文选》第1卷，北京：人民出版社2006年版，第245页。

③ 江泽民：《在全国组织工作会议上的讲话》，《人民日报》1994年12月3日，第1版。

④《江泽民文选》第1卷，北京：人民出版社2006年版，第517页。

⑤《江泽民文选》第2卷，北京：人民出版社2006年版，第43页。

认真、刻苦、全面地学习马克思列宁主义、毛泽东思想特别是邓小平理论，对提高全党的思想政治水平和执政能力是极为重要的，必须摆在学习的首位。”[①]后来，他在2000年1月的中共中央政治局会议上的讲话中又提及执政能力的相关内容：“我们提高了在复杂的国际国内条件下驾驭经济发展全局的能力。”[②]同年2月的高州讲话中讲道：“提高各级领导班子、领导干部的领导水平和执政能力，增强广大党员和干部拒腐防变和抵御风险的能力。”[③]首次把提高“领导水平”与“执政能力”并用。同年10月11日江泽民同志在中共十五届五中全会上的讲话中讲道：“我们必须坚持党要管党、从严治党的方针，全面加强党的思想、组织和作风建设，切实解决党内存在的各种问题，使我们党不断提高领导水平和执政能力，不断提高拒腐防变和抵御风险的能力，永葆生机和活力。”[④]这里再次把不断提高“领导水平”与“执政能力”并用。同时，指明了加强党的一系列建设与提高党的领导水平和执政能力的密切关系。2001年5月23日，他又在《努力提高党的领导水平和执政能力》的党建讲话中多次提到“执政能力”一词。这也是在专门谈及党的建设时突出强调党的执政能力问题：“办好中国的事情，关键取决于我们党”，“关键取决于我们党，不仅取决于党的正确的理论路线方针政策，也取决于各级党组织贯彻落实党的理论路线方针政策的能力和水平，也就是说，取决于我们党的领导水平和执政能力”。[⑤]同时，再次提及执政能力的具体内容：“努力提高驾驭市场的能力，提高运用民主法制办法开展工作的能力。”[⑥]在党的十六大报告中江泽民同志明确地提出：“加强党的执政能力建设，提高党的领导水平和执政水平。”[⑦]这里明确地提出了“党的执政能力建设”一词。

究竟什么是党的执政能力和党的执政能力建设呢？简单地说，党的执

①《江泽民文选》第2卷，北京：人民出版社2006年版，第285页。

②《江泽民文选》第2卷，北京：人民出版社2006年版，534—535页。

③ 江泽民：《论党的建设》，北京：中央文献出版社2001年版，第381页。

④《江泽民文选》第3卷，北京：人民出版社2006年版，第128页。

⑤ 江泽民：《论党的建设》，北京：中央文献出版社2001年版，第484页。

⑥ 江泽民：《论党的建设》，北京：中央文献出版社2001年版，第486页。

⑦《江泽民文选》第3卷，北京：人民出版社2006年版，第569页。

政能力就是指党掌握权力和使用权力的本领。但是，确切地来讲，它是指党能够正确地执掌权力与科学地使用权力的本领。那么，什么是党的执政能力建设呢？毫无疑问，党的执政能力建设比其执政能力内涵要宽泛得多。它是指围绕着党的执政能力而进行的一系列建设活动。前者的侧重点是反映党的执政能力自身应包括哪些内容的问题，突出在如何执政上。后者的侧重点是建设、加强、提高与完善党的执政能力问题，突出在如何建设的问题上。它涉及全体党员、干部以及各级党组织，提高全体党员的素质与能力是党的执政能力建设的基础，而提高党的各级领导干部的执政能力建设是其重点，加强党的制度建设、健全党的管理体制和完善党的工作机制，是其关键。

二、新时期提高党的执政能力的迫切性

新时期之所以强调要不断提高党的执政能力，是因为我国已进入全面建设小康社会、加快推进社会主义现代化的新的发展阶段。国际局势正发生深刻变化，世界多极化和经济全球化的趋势在曲折中发展，科技进步日新月异，综合国力竞争日趋激烈。“党的建设同新形势新任务不相适应的地方还相当不少，党内在思想上、组织上、作风上存在的不符合甚至违背党和人民利益的突出问题也相当不少。”[①]

从国际来看，“世界经济、科技发展形势逼人，我们不加快发展，就会落后”[②]。20世纪七八十年代，新兴的产业革命使许多国家的社会结构发生了深刻变化，信息时代使执政党的执政方式已经有所改变，与民众的联系方式发生了重大的变化。近20年来，多元化的、灵活的新公共管理方式代替了传统的官僚化的管理模式，执政方式由协调代替控制，对话、沟通代替命令、指示。苏联共产党执政长达74年，最后解体。还有其他许多政党曾经长期执政，有过辉煌的业绩，但是仍然没有逃脱政党危机或是下台的命运。同时，以美国为代表的一些西方国家长期实行霸权主义与强权

①《江泽民文选》第2卷，北京：人民出版社2006年版，第554页。

②《江泽民文选》第3卷，北京：人民出版社2006年版，第118页。

政治，这也给中国共产党的执政提出了严峻的挑战。从国内来看，我们党借鉴世界各国发展的经验与教训，把经济体制改革的目标确立为建立社会主义市场经济体制。这是一个全新的课题，没有任何经验可以借鉴。通过市场经济与社会主义的结合，经济上已有一定的起色，但是问题也不少，有的甚至还很严重。江泽民同志曾讲："我们不能否定党的主流是好的，也不能低估腐败现象的严重性和危害性。"①市场经济是一把"双刃剑"，科学地驾驭它将会推动社会经济的发展，进一步推动整个社会的改革。如果不加以规范、操作不当，它的负效应也是很大的。特别是腐败现象会侵入党和国家机关健康的肌体。另外，我国的改革开放已经处在一个历史转折的关键时期，这要求中国共产党必须加强自身执政能力建设，抓住和用好重要战略机遇期、实现全面建设小康社会宏伟目标。江泽民同志一再告诫全党："中国要出问题，还是出在共产党内。关键是共产党内部要搞好。"②"我们党必须坚定地站在时代潮流的前头，团结和带领全国各族人民，实现推进现代化建设、完成祖国统一、维护世界和平与促进共同发展这三大历史任务，在中国特色社会主义道路上实现中华民族的伟大复兴。这是历史和时代赋予我们党的庄严使命。"③

"综观国际国内形势"，"党的建设，是实现这三大任务的根本保证"。④"我们必须坚持党要管党、从严治党的方针，全面加强党的思想、组织、作风建设，切实解决党内存在的各种问题，使我们党不断提高领导水平和执政能力，不断提高拒腐防变和抵御风险的能力，永葆生机和活力。"⑤保持党的先进性，构建社会主义和谐社会，是我们把握复杂多变的国际形势、有力应对来自国际环境的多种挑战和风险的必然要求，迫切需要不断提高党的执政能力。这是时代的要求、人民的要求。

---

①《江泽民文选》第1卷，北京：人民出版社2006年版，第319页。

②《江泽民文选》第1卷，北京：人民出版社2006年版，第322页。

③《江泽民文选》第3卷，北京：人民出版社2006年版，第528—529页。

④《江泽民文选》第3卷，北京：人民出版社2006年版，第123页。

⑤《江泽民文选》第3卷，北京：人民出版社2006年版，第128页。

三、执政党能力建设是党的建设新的伟大工程总目标

（一）党的建设新的伟大工程总目标的树立

面对新的世纪，我们究竟要建设一个什么样的党？江泽民同志早在1994年9月28日党的十四届四中全会上就明确提出新世纪党的建设新的伟大工程的目标。其实，早在20世纪30年代末，党的第一代领导人毛泽东在《〈共产党人〉发刊词》中就曾把我们这个党建设好，豪迈地称之为一项“伟大的工程”[①]。加强和改善党的领导，以及建设什么样的党，怎样建设党一直是第三代领导集体思考的课题。党要走在前列，“在广阔深刻的历史性变革中始终坚持工人阶级先锋队性质和全心全意为人民服务的宗旨，在激烈的国际斗争中始终掌握主动权，就必须继续锲而不舍地加强自身建设，把推进新的伟大工程视为自己的神圣责任”。用邓小平理论武装全党是“新的伟大工程的基础性建设”[②]。这是党的第三代领导人第一次把面向新世纪加强党的建设作为一个“新的伟大工程”提到全党面前。1994年，江泽民同志将组织建设特别是干部队伍和领导班子建设还称为“新的伟大工程的关键性的工程”[③]。在党的十五大上，再次强调“全党要按照新的伟大工程的总目标，从思想上、组织上、作风上全面加强党的建设，不断提高领导水平和执政水平，不断增强拒腐防变的能力，以新的面貌和更强大的战斗力，带领人民完成新的历史任务”[④]。这也是我们党在党的建设问题上第一次明确地使用新的伟大工程的“总目标”一词。后来，他又强调：“使我们党不断提高领导水平和执政能力”，“永葆生机和活力”。[⑤]“扎扎实实地加强党的建设，全面推进党的建设的新的伟大工程。”[⑥]这是第三代

①《江泽民文选》第1卷，北京：人民出版社2006年版，第403页。

②《江泽民文选》第1卷，北京：人民出版社2006年版，第404页。

③ 江泽民：《在全国组织工作会议上的讲话》，《人民日报》1994年12月3日，第1版。

④《江泽民文选》第2卷，北京：人民出版社2006年版，第43页。

⑤《江泽民文选》第3卷，北京：人民出版社2006年版，第128页。

⑥《江泽民文选》第3卷，北京：人民出版社2006年版，第134页。

领导人在讲话中首次明确地把“提高党的执政能力”纳入党的建设“新的伟大工程”目标之中。

（二）党的建设新的伟大工程总目标的基本内容

20世纪90年代初，我们党就明确提出21世纪党的建设新的伟大工程的目标。这就是：“要把我们党建设成为用建设有中国特色社会主义理论武装起来、全心全意为人民服务、思想上政治上组织上完全巩固、能够经受住各种风险、始终走在时代前列的马克思主义政党。”①江泽民同志讲道：“总结党八十多年来的历史经验，最根本的一条，就是党的建设必须按照党的政治路线来进行，围绕党的中心任务来展开，朝着党的建设总目标来加强，不断提高党的创造力、凝聚力和战斗力。”②这充分说明了确立党的建设目标的重要性。实现这一伟大工程的总目标必然体现在党的执政能力上。在党的十六大报告中江泽民同志第一次全面地提出了党的执政能力建设的内容，即“五大能力”：必须不断提高科学判断形势的能力；必须不断提高驾驭市场经济的能力；必须不断提高应对复杂局面的能力；必须不断提高依法执政的能力；必须不断提高总揽全局的能力。

正是由于党的执政能力含义的广泛性和作用的重要性，我们必须始终坚持马克思列宁主义、毛泽东思想、邓小平理论和“三个代表”重要思想这一思想路线，牢记党的宗旨，加强党的执政能力建设，提高党的执政能力，保持党的先进性，经受住各种风险的考验，真正始终做到最广大人民群众利益的忠实代表者，不断开拓马克思主义理论发展的新境界，不断开创社会主义事业发展的新局面。保持党的先进性是党执政能力建设的基础工程。同时，加强党的执政能力建设和提高执政能力，又是保持党的先进性的现实要求与具体体现。要保持党的先进性，就必须不断加强党的执政能力建设，提高党的执政能力。

总之，根据国际形势所发生的深刻而又复杂的变化，以及我们党面临的国情、党情的变化，江泽民同志强调了加强党的执政能力建设任务的艰

---

①《江泽民文选》第1卷，北京：人民出版社2006年版，第403页。

②《江泽民文选》第3卷，北京：人民出版社2006年版，第541页。

巨性，“不断提高我们党的领导水平和执政能力，将是一项长期的重要任务”，这“必须引起全党同志特别是领导干部的高度重视”。[①]党的执政地位不是与生俱来的，也不是一劳永逸的，我们必须居安思危，不断以提高党的执政能力和加强党的执政能力建设为重点，全面推进党的建设新的伟大工程，永葆党的先进性。

[本文完稿于2014年10月]

① 江泽民:《论党的建设》,北京:中央文献出版社2001年版,第484页。

党的先进性建设思想探究

胡锦涛同志在建党八十五周年大会上的讲话中多次强调保持党的“先进性”问题，“先进性”一词仅在这一次讲话中就被多次提及。为什么要保持党的先进性？保持党的先进性究竟有何作用与意义？如何保持党的先进性？胡锦涛同志对此作了详细的论述。对这一理论再作进一步的研究，对提高党的执政能力和加强党的先进性建设，提高党的领导水平和执政水平，提高拒腐防变和抵御风险能力以及构建社会主义和谐社会都有巨大的理论指导意义与实践意义。

一、保持党的先进性的提出及缘由

（一）保持党的先进性命题的提出及其含义

1. 保持党的先进性命题的提出

早在1939年5月20日，毛泽东就说过：“我们队伍里边有一种恐慌，不是经济恐慌，也不是政治恐慌，而是本领恐慌。”[①]这是指党随着角色的转换，开始由革命党逐渐转向执政党，出现执政能力的恐慌。如何提高党的执政能力，保持共产党员先进性就成为一个新的话题。在党的七届二中全会上，党对全国革命胜利后如何保持先进性作了前瞻性的思考，特别是

---

①《毛泽东文集》第2卷，北京：人民出版社1993年版，第178页。

从加强党的思想作风建设的高度，提出了保持执政党先进性的战略意义，并指出要保持党的先进性，必须纯洁党的队伍，这样才能树立良好的形象。后来，邓小平强调要保持党的先进性，必须把党的制度建设作为党的建设的重要内容，必须高度重视党的作风建设，从严治党，反对腐败。江泽民同志提出，要保持党的先进性，共产党员必须讲学习、讲政治、讲正气，“三个代表”是新的历史时期保持党的先进性的根本体现和根本要求。胡锦涛同志于1997年12月21日，在《以改革的精神做好面向新世纪的组织工作》的讲话中提及“以保持党的先进性和纯洁性，增强党的凝聚力和战斗力”[①]。“加强党员队伍建设，提高党员素质，要着重解决好在发展社会主义市场经济条件下共产党员如何增强党性、保持先进性、发挥先锋模范作用的问题。”[②]

2.保持党的先进性的含义

所谓先进性，就是指一个政党及其组织成员能够顺应时代的潮流，走在时代的前列，并且能够比较自如地把握社会发展的规律，推动社会不断向前发展。胡锦涛同志在《在庆祝中国共产党成立85周年暨总结保持共产党员先进性教育活动大会上的讲话》（以下简称《讲话》）中讲道：“先进性是马克思主义政党的本质属性，是马克思主义政党的生命所系、力量所在。”而保持共产党员的先进性，就是指共产党员能够自觉地学习与践行马克思列宁主义、毛泽东思想、邓小平理论和“三个代表”重要思想，胸怀远大的共产主义理想，坚定社会主义信念，平时能够心系群众，勤奋工作，努力进取，不断开拓创新，充分发挥先锋模范作用，为中国的改革开放和社会主义现代化建设事业作出自己的一份贡献。“保持和发展党的先进性是马克思主义政党自身建设的根本任务和永恒课题”[③]，也“是马克思主义建党学说的重要内容”[④]。

---

①《十五大以来重要文献选编》(上)，北京：人民出版社2000年版，第128页。

②《十五大以来重要文献选编》(上)，北京：人民出版社2000年版，第141页。

③ 胡锦涛：《在庆祝中国共产党成立85周年暨总结保持共产党员先进性教育活动大会上的讲话》，北京：人民出版社2006年版，第10页。

④ 胡锦涛：《在庆祝中国共产党成立85周年暨总结保持共产党员先进性教育活动大会上的讲话》，北京：人民出版社2006年版，第12页。

（二）保持党的先进性的原因

在新的世纪，我们为什么要强调保持党的“先进性”呢？这是因为党只有“始终高度重视并不断保持和发展自己作为马克思主义政党的先进性”[①]，才能始终代表中国先进生产力的发展要求、代表中国先进文化的前进方向、代表中国最广大人民的根本利益，才“能够成为领导中国革命、建设、改革事业的核心力量”，才“能够承担起中国人民和中华民族的历史重托”，才“能够在剧烈变动的国际国内环境中始终立于不败之地”。[②]这是我们党几十年历史得出的经验。

我国已进入全面建设小康社会，加快推进社会主义现代化建设的新时期。“进入新世纪新阶段，国际局势发生新的深刻变化，世界多极化和经济全球化的趋势继续在曲折中发展，科技进步日新月异，综合国力竞争日趋激烈，各种思想文化相互激荡，各种矛盾错综复杂。”[③]我们党必须坚定地站在时代潮流的前面，实现中华民族的伟大复兴，这是历史和时代赋予我们党的庄严使命。实现这一使命，应对国内外严峻的形势，迫切需要保持党的先进性。胡锦涛同志在《中共中央关于加强党的执政能力建设的决定》中强调指出，党要永远保持先进性，保持党员队伍的先进性和纯洁性，这“是时代的要求、人民的要求”[④]。

深刻变化的国际国内环境，给党员队伍与党的自身建设带来深刻的影响，保持与发展党的先进性，面临许多新情况新考验，同时又面临许多新任务新要求。从我们党肩负的历史使命和现实一系列问题的解决来看，必须保持党的先进性。其具体原因是：“面对新形势新任务，党的领导方式

---

① 胡锦涛：《在夫祝中国共产党成立85周年暨总结保持共产党员先进性教育活动大会上的讲话》，北京：人民出版社2006年版，第4页。

② 胡锦涛：《在庆祝中国共产党成立85周年暨总结保持共产党员先进性教育活动大会上的讲话》，北京：人民出版社2006年版，第4页。

③《〈中共中央关于加强党的执政能力建设的决定〉辅导读本》，北京：人民出版社2004年版，第1—2页。

④《〈中共中央关于加强党的执政能力建设的决定〉辅导读本》，北京：人民出版社2004年版，第1页。

和执政方式、领导体制和工作机制还不完善”①，“一些党员先进性意识淡薄，理想信念不坚定，宗旨观念不牢固；一些领导干部和领导班子思想理论水平不高，解决复杂矛盾的本领不强，工作作风不实；一些地方党的基层组织建设还比较薄弱；一些领域的腐败现象还比较严重”，“要解决这些问题，不重视不行，不抓紧不行，不下大气力也不行，否则就会影响党的先进性的发挥”②。总之，加强党的先进性教育，保持党的先进性，是形势使然，也是民心所向。胡锦涛同志还一再告诫全党：“历史和现实都表明，一个政党过去先进不等于现在先进，现在先进不等于永远先进。”③

二、保持党的先进性的作用与意义

在新的历史条件下，继续保持党的先进性，关系党执政能力的提高和执政地位的巩固。加强党的执政能力建设，永葆党的先进性，是马克思主义政党的根本特征和生命所系，力量所在。保持党的先进性与加强党的执政能力建设，提高党的执政能力，也是马克思主义政党建设的永恒主题。党的先进性是党的生命力与活力的具体体现，是党执政为民的基石和发展的根本，也是党的执政能力较强的反映。保持党的先进性必然进一步推动党的执政能力建设，而加强党的执政能力建设又必然会强化党的先进性，二者相辅相成。同时，也关系党和人民事业的兴旺发达，关系到党的生死存亡、中华民族的前途命运以及国家的长治久安。胡锦涛在《讲话》中号召优秀党员、党务工作者“不断保持和发展党的先进性，继续团结带领全国各族人民在全面建设小康社会、开创中国特色社会主义事业新局面的伟大道路上奋勇前进”④。

①《〈中共中央关于加强党的执政能力建设的决定〉辅导读本》，北京：人民出版社2004年版，第3页。

② 胡锦涛：《在庆祝中国共产党成立85周年暨总结保持共产党员先进性教育活动大会上的讲话》，北京：人民出版社2006年版，第19页。

③ 胡锦涛：《在庆祝中国共产党成立85周年暨总结保持共产党员先进性教育活动大会上的讲话》，北京：人民出版社2006年版，第11页。

④ 胡锦涛：《在庆祝中国共产党成立85周年暨总结保持共产党员先进性教育活动大会上的讲话》，北京：人民出版社2006年版，第1—2页。

发扬和保持党的先进性，必须不断进行先进性教育和建设。其具体成效、作用是：广大党员受到深刻的马克思主义教育，进一步坚定理想信念，提高素质能力，增强实践“三个代表”重要思想、落实科学发展观的自觉性；基层党组织的创造力、凝聚力、战斗力进一步提高，一些软弱涣散和不够健全的基层党组织得到整顿和加强，党执政的组织基础更加巩固；党组织和党员服务群众的行动更加自觉，党员干部的作风进一步改进，党群关系进一步密切；各地区各部门按照科学发展观的要求，进一步理清发展思路，积极促进经济社会又好又快发展；各级党组织在加强党员经常性教育管理、做好党员联系和服务群众工作、加强和改进流动党员管理工作、建立健全抓基层党的建设工作责任制等方面形成一些务实管用的新制度，推动保持共产党员先进性长效机制建设；各级党组织认真总结先进性教育活动的成功实践和党的先进性建设的历史经验，深入研究党的先进性建设规律，丰富党的先进性建设理论。

保持党员队伍的先进性的意义就在于增强广大党员的先进性意识，激发其自我教育、自我提高的内在动力；就在于重点解决党员队伍中存在的突出问题，不断增强党员队伍整体的先进性；就在于完善制度和机制，把党的先进性要求转化为党员自觉遵守的行为准则。从中国共产党建设的历史过程来看，由保持党的先进性到自觉加强党的先进性教育，这本身就是马克思政党建设的一个创造性举措。胡锦涛同志曾经对开展先进性教育与党的先进性建设的关系作过论述，在全党开展“保持共产党员先进性教育活动”是保持党的先进性的重要举措，是“马克思主义政党自身建设的根本任务”，“也是马克思主义政党的生命所系、力量所在”。①

三、保持党的先进性的具体方法

我们党如何才能永葆先进性呢？这必然要不断加强党的先进性教育，坚持解放思想、实事求是、与时俱进、求真务实的思想路线，坚持人民利益至上原则，完善社会主义市场经济，构建社会主义和谐社会。

①《十六大以来重要文献选编》(中)，北京：中央文献出版社2006年版，第610页。

（一）不断加强党的先进性教育，加强党的先进性建设

2004年11月7日，中央曾专门下达《中共中央关于在全党开展以实践“三个代表”重要思想为主要内容的保持共产党员先进性教育活动的意见》，这一活动从2005年元月开始，长达一年半。中央在意见中强调，继续保持党的先进性，关系党执政能力的提高和执政地位的巩固。2005年6月下旬又下达《第二批保持共产党员先进性教育活动指导意见》。中央在指导意见中再次强调，推进党的先进性建设，提高党的执政能力。胡锦涛同志指出：“我们党要永远保持生机和活力，始终经得起各种风浪的考验”，“就必须坚持不懈地加强党的先进性建设”。①

我们党要长期保持与发扬党的先进性，必须不断进行党的先进性教育，只有加强和改进党的自身建设，才能使党充满生机与活力。所有党员与领导干部都要坚持理想信念，坚持党的根本宗旨，坚持勤奋学习，坚持勤奋工作，坚持遵守党的纪律，坚持“两个务必”，从而永葆党的政治本色。胡锦涛同志在《讲话》中指出：“必须坚持党要管党、从严治党，保证党始终具有蓬勃生机和旺盛活力。”②“必须准确把握时代脉搏，保证党始终与时代发展同步伐。”③只有对时代特征有个科学的判断，才能准确把握世界发展的大趋势，从而能够制定科学的目标，不断为党和人民的事业指明方向，才能始终站在时代发展的前列。“必须使党的理论和路线方针政策不断与时俱进，保证党的全部工作始终符合实际和社会发展规律。”④我们党要保持与发展其先进性，必然要紧跟时代的步伐，不断地研究与贯彻党的路线方针政策，找到科学的方法、正确的道路，不断推动党与人民的伟大事业从一个胜利走向又一个胜利。“必须把最广大人民的根本利益

---

① 胡锦涛：《紧密结合时代要求加强党的先进性建设，确保先进性教育活动取得扎扎实实的成效》，《人民日报》2005年4月29日，第1版。

② 胡锦涛：《在庆祝中国共产党成立85周年暨总结保持共产党员先进性教育活动大会上的讲话》，北京：人民出版社2006年版，第9页。

③ 胡锦涛：《在庆祝中国共产党成立85周年暨总结保持共产党员先进性教育活动大会上的讲话》，北京：人民出版社2006年版，第4页。

④ 胡锦涛：《在庆祝中国共产党成立85周年暨总结保持共产党员先进性教育活动大会上的讲话》，北京：人民出版社2006年版，第6—7页。

作为党全部工作的出发点和落脚点，保证党始终与人民群众共命运。”[①]毛泽东同志曾经讲过，只有人民，才是历史创造的动力。人民是历史的推动者，党必然要始终坚持全心全意为人民服务的宗旨，坚持马克思主义的群众观。只有顺民心，合民意，一切为了人民，一切依靠人民，我们的党才能无往而不胜。

（二）围绕党的中心任务，加强党的先进性建设

马克思曾经讲过，一个政党的正式纲领没有它的实际的行动那样重要。列宁曾多次加以引用。因而，衡量一个政党是否先进的标准就是要看其在推动历史前进中的实际作用如何。对于中国共产党人来说，今天就是看其是否能够紧紧抓住经济建设这个中心，在发展与完善社会主义市场经济过程中，成为解放思想、实事求是、与时俱进、求真务实的模范，成为贯彻与落实科学发展观的模范，成为落实发展是我们党的第一要务的模范，成为不断开拓创新的模范，在中国的社会主义改革与现代化建设实践中体现党的先进性。一句话，“加强党的先进性建设，必须围绕党的中心任务来进行，保证党始终引领中国社会发展进步”[②]，只有这样才能真正始终保持党的先进性。

（三）完善制度建设，加强党的先进性建设

“保持党员队伍的先进性，关键在于完善制度和机制”，“制度更带有根本性、全局性、稳定性和长期性”。[③]我们党要保持先进性，必须紧密结合贯彻落实科学发展观的实践加强党的先进性建设，要建立健全保障科学发展观贯彻落实的体制机制，建立体现科学发展观和正确政绩观的干部考核、评价、激励机制。要紧密结合构建社会主义和谐社会的实践加强党的

① 胡锦涛：《在庆祝中国共产党成立85周年暨总结保持共产党员先进性教育活动大会上的讲话》，北京：人民出版社2006年版，第5页。

② 胡锦涛：《在庆祝中国共产党成立85周年暨总结保持共产党员先进性教育活动大会上的讲话》，北京：人民出版社2006年版，第8页。

③ 胡锦涛：《在庆祝中国共产党成立85周年暨总结保持共产党员先进性教育活动大会上的讲话》，北京：人民出版社2006年版，第18页。

先进性建设，紧密结合加强党的执政能力建设的实践加强党的先进性建设，要健全干部选拔任用和管理监督机制，对干部的选拔任用严格按照规定和程序进行，不断加强各级领导干部、各级领导班子建设，同时切实加强基层党组织建设，“要建立健全教育、管理、服务党员队伍的长效机制”[①]。要紧密结合保持党同人民群众血肉联系的实践加强党的先进性建设。“要建立健全密切联系群众和实现好、维护好、发展好最广大人民根本利益的长效机制。”[②]中国革命与社会主义建设的历史已表明：“在党和人民事业发展的重要关头，我们党总是紧紧抓住党的建设这个关键，总是首先动员和组织党自身的力量，进而团结带领人民群众克服困难、夺取胜利”[③]，“历史表明，只有紧密结合实际不断加强和改进党的思想建设、组织建设、作风建设和制度建设，我们党才能建设一支高素质的党员队伍和干部队伍，建立严密稳固的组织体系和科学有效的领导制度”，这是保持与发展党的先进性的“最广大的载体和最可靠的制度保障”。[④]

［本文完稿于2007年2月］

① 胡锦涛：《在庆祝中国共产党成立85周年暨总结保持共产党员先进性教育活动大会上的讲话》，北京：人民出版社2006年版，第23页。

② 胡锦涛：《在庆祝中国共产党成立85周年暨总结保持共产党员先进性教育活动大会上的讲话》，北京：人民出版社2006年版，第26页。

③ 胡锦涛：《在庆祝中国共产党成立85周年暨总结保持共产党员先进性教育活动大会上的讲话》，北京：人民出版社2006年版，第10页。

④ 胡锦涛：《在庆祝中国共产党成立85周年暨总结保持共产党员先进性教育活动大会上的讲话》，北京：人民出版社2006年版，第10页。

保持党的先进性的路径与方法

我国已进入加快推进社会主义现代化发展的新阶段。在世界多极化和经济全球化发展及综合国力竞争日趋激烈的形势下，“在中国特色社会主义道路上实现中华民族的伟大复兴，是历史和时代赋予我们党的庄严使命”①。为实现这一使命，党必须大力加强执政能力建设，永远保持先进性，保持党员队伍的纯洁性。保持党的先进性，加强党的执政能力建设，是时代的要求、人民的要求。保持党的先进性必然要求进一步推动党的执政能力建设，而加强党的执政能力建设又必然会强化党的先进性。本文拟从加强党的执政能力建设的角度论述保持党的先进性问题。

一、保持党的先进性的路径

（一）了解执政环境

“二十世纪头二十年，对我国来说，是一个必须紧紧抓住并且可以大有作为的重要战略机遇期。”②20世纪80年代以来，电子技术、激光技术以及生物工程等高新技术在全球迅猛发展，中国在第四次技术革命浪潮中能否抓住机遇迎头赶上？从中国自身来说，人均GDP仍然处于世界靠后的位置，同时，我国还处在经济发展转折期的临界点上。我国加入世界贸易组

①《十六大以来重要文献选编》(上)，北京：中央文献出版社2005年版，第88页。

②《十六大以来重要文献选编》(上)，北京：中央文献出版社2005年版，第14页。

织，这也是一把“双刃剑”。执政党只有认清形势的严峻性，积极推动建立公正合理的国际新秩序，同时独立自主，坚定不移走社会主义改革开放之路，才能体现其先进性。

（二）认识执政基础

首先，阶级基础和群众基础是党的力量之源。列宁曾经说过，“如果我们党没有得到整个工人阶级全心全意的拥护”，“那么布尔什维克别说把政权保持两年半，就是两个半月也保持不住”。[①]江泽民曾多次说过，基础不牢，地动山摇。执政党在一个国家中能否长期执政主要就是看其能否长期获得群众的拥护与支持。马克思主义政党的主要阶级基础是工人阶级，“随着改革开放和现代化建设的发展，我国工人阶级队伍不断壮大，思想道德素质和科学文化素质日益提高，工人阶级的先进性也在发展，党的阶级基础不断增强”[②]。尤其是知识分子成为工人阶级的一部分，大大提高了工人阶级的科技文化素质。党的十六大通过的党章提出“两个先锋队”理论，这是根据时代发展的要求而作出的重大修改。随着中国经济的发展，人民群众的财产收入也逐渐增加，不能简单地把有没有财产、有多少财产当作判断人们政治上先进与落后的标准。这一系列新提法，无疑适应了时代的要求，起到了进一步增强执政党阶级基础和扩大党的群众基础的作用。“人民群众是我们党的力量源泉和胜利之本”[③]，党从中获得取之不尽、用之不竭的力量源泉。要夯实党执政的阶级基础和群众基础，必须大兴求真务实之风，接受群众的监督，走群众路线，保持党同人民群众的血肉联系。包括知识分子在内的工人阶级，是推动我国先进生产力发展的基本力量，农民阶级和其他劳动群众是推动社会生产力发展的重要力量，执政党只有充分认识这些力量，才能富有生命力，才能永葆先进性。

其次，经济基础是党合法执政、保持先进性的前提。一个政党能否长期执政，是否执政合法化，获得民众的认同，最为重要的条件就是能否推

①《列宁全集》第39卷，北京：人民出版社1986年版，第4页。
②《十五大以来重要文献选编》(下)，北京：人民出版社2003年版，第1915页。
③《十三大以来重要文献选编》(中)，北京：人民出版社1991年版，第928页。

动社会生产力的发展。也就是说党要始终代表中国先进生产力的发展要求，必须解放生产力和发展生产力，把发展作为执政兴国的第一要务。

最后，政治基础是党执政得以稳固，保持先进性的关键。一个政党的发展，需要有政治纲领、目标以及在此基础上形成的政治路线。它决定着政党的发展和前途。“我们进行现代化建设，必须有正确的政治方向和坚强的政治保障。”“四项基本原则就是管我们建设和发展的政治方向、政治保障的，因此我们说它是立国之本。”①

（三）合理运用执政资源

执政资源，就是指一个政党掌握国家公共权力后直接占有和有效控制使用的那些有形与无形的资源，包括物质、政治组织和思想理论方面的资源。对于政党来说，如何科学执政，也就是如何使这些资源得以合理地运用并使其效益最大化。物质资源是执政党生存与发展的基础条件，政治组织资源是执政党生存与发展的保障，思想理论资源是执政党生存与发展的动力与智力支持。执政党必须学会进行资源的合理配置，建立一套科学的、规范的、完备的资源管理体系。

物质资源是执政党的基本资源。江泽民说：“我国有12.5亿人口……各地条件千差万别，区域经济发展水平很不平衡。要加快经济社会的发展，必须充分发挥中央和地方两个积极性。”“发展经济一定要着眼于已有的能力，在此基础上，通过技术进步，开发新产品，加强科学管理，降低物耗，从而提高劳动生产率。”②必须抓住一切机遇加快发展。我国目前就是要走新型工业化道路，以经济结构调整为主线，以改革开放和科技进步为动力，着力转变经济增长方式，切实保护和合理利用各种资源，提高资源利用率，以尽可能少的资源消耗获得最大的经济效益和社会效益。全面提高国民经济的整体竞争力，同时，加快建设节约型社会，推动经济持续快速协调健康发展，从而巩固党的执政地位，保持党的先进性。

① 中共中央文献研究室编：《江泽民论有中国特色社会主义（专题摘编）》，北京：中央文献出版社2002年版，第35页。

② 中共中央文献研究室编：《江泽民论有中国特色社会主义（专题摘编）》，北京：中央文献出版社2002年版，第95页。

政治组织资源是执政党的核心资源。共产党人过去的革命与今天的建设、改革，目的就是要使人民真正当家作主，并且领导与支持人民掌握与行使管理国家的权力。“人民政协是中国共产党领导的多党合作和政治协商的重要机构，发展人民政协事业有利于发挥我国社会主义政党制度的特点和优势，巩固共同建设中国特色社会主义的社会政治基础。”[①]我们“要坚持高举爱国主义旗帜，发挥人民政协组织的优势”[②]。同时，充分发挥各级人民代表大会代表的作用。“50年来，人民代表大会制度不断得到巩固和完善，显示出强大的生命力和巨大的优越性。”[③]江泽民强调，要“加强党的组织建设”，“充分发挥党的组织优势”。人民代表大会制度、中国共产党领导的多党合作和政治协商制度、民族区域自治制度等，都是执政党在执政过程中应充分加以有效利用的、极为重要的政治组织资源。同时，我们还“必须坚持发挥社会主义制度的政治优势”[④]。这些组织资源与政治优势的充分发挥，恰好体现了党的先进性。

任何一个政党都需要思想理论指导，这是政党存在与发展的灵魂，也是保持共产党员先进性的前提。因为，理论上清醒和坚定是政治上清醒和坚定的基础。只有充分发挥思想政治工作这一政治优势，才能保证经济工作和其他工作的发展方向。中国共产党人的理论资源就是马克思列宁主义、毛泽东思想、邓小平理论和“三个代表”重要思想。江泽民强调：“加强党的思想建设，根本的是坚定不移地用邓小平理论武装全党，充分发挥党的思想政治优势。”[⑤]胡锦涛提出，必须坚持党在指导思想上的与时俱进，用发展着的马克思主义指导新的实践，要结合中国的实际不断探索并遵循共产党的执政规律。发扬党的优良传统和作风，坚持马克思主义与时俱进的品格，这是保持党的先进性的根本要求。

---

① 胡锦涛：《在庆祝中国人民政治协商会议成立55周年大会上的讲话》，北京：人民出版社2004年版，第7页。

② 胡锦涛：《在庆祝中国人民政治协商会议成立55周年大会上的讲话》，北京：人民出版社2004年版，第14页。

③ 胡锦涛：《在首都各界纪念全国人民代表大会成立50周年大会上的讲话》，北京：人民出版社2004年版，第7—8页。

④《十六大以来重要文献选编》（上），北京：中央文献出版社2005年版，第491页。

⑤《十五大以来重要文献选编》（上），北京：人民出版社2000年版，第46页。

二、保持党的先进性的具体方法

（一）创新执政理念

创新是一个民族进步的灵魂，是一个国家兴旺发达的不竭动力，也是一个政党永葆生机的源泉。我国的改革开放和现代化建设需要进行理论创新、科技创新，更需要进行制度创新。我们既要坚定信念，又要不断创新现代的执政管理理念。党的十六大报告指出："开创中国特色社会主义事业新局面，必须高举邓小平理论伟大旗帜，坚持贯彻'三个代表'重要思想。""始终做到'三个代表'，是我们党的立党之本、执政之基、力量之源。"中央机关进驻北平，毛泽东称之为进京"赶考"。采取什么方法，才能使党持久执政呢？这就是"两个务必"和实行民主。在社会主义建设的探索阶段，我们党由于对生产力与生产关系的认识偏差，在实践中犯了一些错误。邓小平纠正了这些错误，用经济手段解决中国社会当时的尖锐问题，首先给人民带来实惠。党的第三代领导集体则用政治手段解决政治问题，确立党执政的合法性；用经济手段解决经济问题，增强党执政的有效性。坚持以经济建设为中心，用发展的办法解决前进中的问题。我们党牢牢把握立党为公、执政为民的理念，这是保持共产党员先进性的思想基础。坚持用人民拥护不拥护、人民赞成不赞成、人民高兴不高兴、人民答应不答应作为衡量一切决策的根本出发点和落脚点，是保持共产党员先进性的重要条件。

（二）完善执政方略

执政方略，是党为推动社会发展而采取的基本战略。江泽民说："发展是硬道理，这是我们必须始终坚持的一个战略思想。"[①]为完成党在新世纪新阶段的全面建设小康社会的目标，"发展要有新思路，改革要有新突

① 江泽民:《论"三个代表"》,北京:中央文献出版社2001年版,第64页。

破，开放要有新局面，各项工作要有新举措”[①]。要提高执政党的执政能力，保持党的先进性，需要谋划好执政党建设的方式方法，并且要有长远的战略眼光。要找准执政的坐标，作出科学的判断，确立执政目标。在不同的历史阶段，提出具体的建党目标来反映党的性质与宗旨，创新执政理念。坚持解放思想、实事求是、与时俱进，转变执政方式，使党由过去的革命党真正转变为执政的、建设的、改革的党，改变过去用在战争中形成的管理方式来指导社会主义建设与改革的做法。“努力掌握适应新形势新任务要求的领导艺术、领导方式和领导方法，把坚持党的领导同发扬人民民主、严格依法办事、尊重客观规律有机地统一起来。”[②]坚持科学执政、民主执政、依法执政。党的执政方式、管理方式不断完善与出新，这是保持党的先进性的有力手段。

（三）健全执政体制

江泽民在党的十六大报告中指出，面对新形势新任务，党的领导方式和执政方式、领导体制和工作机制还不完善。这就需要从制度与体制上进一步健全规范。执政党掌握与行使公共权力，以及为实现其目标而实施的一系列决策，也都需要从制度上确定与规范起来，并不断地健全与完善，这样才能真正做到依法治国。使党的方针政策规范化、体制化、制度化，这样才能便于实际的操作与运作，保持其方针政策的稳定性，体现其执政体制理念的延续性与一贯性，从而提高党的执政能力，保持党的先进性。

（四）科学把握执政规律

与时俱进，就是党的全部理论和工作要体现时代性，把握规律性，富于创造性。“三个代表”重要思想系统概括了我们党对社会主义建设规律的探索成果，科学预测了现代化建设的发展趋势，规划了中国特色社会主义发展的宏伟蓝图和一整套发展战略。这表明我们党对共产党执政规律等

---

① 江泽民：《全面建设小康社会，开创中国特色社会主义事业新局面——在中国共产党第十六次全国代表大会上的报告（2002年11月8日）》，《人民日报》2002年11月18日，第1版。

②《十五大以来重要文献选编》（下），北京：人民出版社2003年版，第1919页。

"三大规律"的认识，达到了新的理论高度。总结党执政的主要经验，我们可以把执政规律概括为六条：不断用发展着的马克思主义指导新的实践的规律；不断增强社会主义的生机和活力的规律；不断把发展作为解决中国一切问题的关键的规律；始终保持党同人民群众的血肉联系的规律；不断完善党的领导方式和执政方式的规律；不断增强党的创造力、凝聚力、战斗力的规律。我们要准确把握党的历史方位，牢记人心向背是政权兴亡的决定性因素。做到治国必先治党，治党务必从严，以提高党的执政能力为重点，深化对执政规律的认识与把握，使党对世事的看法具有很强的前瞻性与深刻性，从而保持党自身的先进性。

（五）构建社会主义和谐社会

和谐社会就是充满活力的社会，是一个有效地促进和实现社会公平与正义的社会，是一个稳定有序的社会，是一个管理不断完善、体制健全有效的社会，也是一个全体社会成员团结进步的社会。建设和谐社会是党执政的重要目标。国家的稳定、社会的和谐，历来是执政者治国期望达到的一个目标，也是人们普遍追求的一种社会理想。建设社会主义和谐社会是我们党对中国特色社会主义事业认识的新发展，是中国共产党执政目标的新要求。胡锦涛指出，实现社会和谐，建设美好社会，始终是人类孜孜以求的一个社会理想，也是包括中国共产党在内的马克思主义政党不懈追求的一个社会理想。社会只有和谐，才有良好的环境、正确的导向与持久的动力。"把提高构建社会主义和谐社会的能力作为加强党的执政能力建设的重要内容"，是党的十六大以来历次会议强调的重大任务。构建社会主义和谐社会，是我们党坚持立党为公、执政为民的必然要求，是我们党实现好、维护好最广大人民的根本利益的重要体现，也是我们党实现执政的历史任务的重要条件。

我们党提出构建社会主义和谐社会，既是对我国改革开放和现代化建设经验的科学总结，也是在新的国内外形势下提高党的执政能力、贯彻落实科学发展观、更好地推进我国经济社会发展的战略举措。这表明我们党对建设有中国特色社会主义事业发展规律的新认识，也反映我们党对自身执政规律、执政能力、执政方略等的新认识，又是一次新的升华。

党的执政地位不是与生俱来的，也不是一劳永逸的，党的先进性也会随着时代的发展而变化，我们必须居安思危。“为了保持我们无产阶级的先锋战士的纯洁，提高我们的革命品质和工作能力，每个党员都必须从各方面加强自己的锻炼和修养。”[①]党只有不断提高执政能力，加强执政能力建设，永葆先进性，牢牢把握马克思主义政党建设的永恒主题，才能永远立于不败之地。

[本文刊载于《安徽师范大学学报》(人文社会科学版)2005年第6期]

①《刘少奇选集》(上)，北京：人民出版社1981年版，第103页。

服务型政府构建中的现实困境与路径探析*

◎徐丽娟** 何源章

20世纪70年代，“新公共管理运动”兴起，在人类社会治理历史上，第一次把服务价值置于价值体系的核心，作为社会治理的终极价值，并依据这一价值创设公共管理的制度、过程和行为模式，提供在整个公共管理体系中都具有普遍意义的原则和标准，指导西方各国进行行政改革，帮助它们摆脱经济危机。随着社会主义市场经济的确立，构建服务型政府也提上了议事日程。2004年3月温家宝在讲话中指出：“我们要把政府办成一个服务型的政府，为市场主体服务，为社会服务，最终是为人民服务。”中共十八届三中全会提出，必须切实转变政府职能，深化行政体制改革，创新行政管理方式，增强政府公信力和执行力，建设法治政府和服务型政府。建设服务型政府现已成为我国行政改革的目标与方向。在借鉴国外经验的前提下，我国各级政府在建设服务型政府的过程中，作出了许多有益的探索，取得了一定的成绩，如颁布实施《中华人民共和国行政许可法》，建立行政责任追究制度等。但在实施过程中也出现了诸多问题。

一、服务型政府的概念界定

自服务型政府作为学术概念出现以来，学界对其进行了各种阐释，但

* 本文为2014年度安徽师范大学研究生科研创新与实践项目(2014YKS126)的阶段性成果。

** 徐丽娟(1990—)，女，安徽省望江县人，徽商银行芜湖分行工作人员。

至今为止尚未形成定论。笔者认为，所谓服务型政府，是指在公民本位、社会本位理念和法制观念的指导下，建立起来的以人为本的、具有核心竞争力的、有责任感的、有限的、法治的政府。

（一）服务型政府是一个以人为本的政府

服务型政府，就是为人民服务的政府。《中共中央关于完善社会主义市场经济体制若干问题的决定》提出要“坚持以人为本”，十八届三中全会强调，“坚持以人为本，尊重人民主体地位”。但是受传统“官本位”意识的影响，一些政府官员在社会管理中一直强调政府主导，重管理轻服务。实质上官员应该是人民的公仆，是“服务员”的角色，是为人民服务的。政府制定的政策、作出的决定都要从公民角度出发，遵从公民的意志，坚决落实全心全意为人民服务的宗旨。

（二）服务型政府是一个具有核心竞争力的政府

在我国，政府核心竞争力就是社会主义的基本价值，集中表现为社会平等、政治民主和以人为本。这一核心竞争力是与人类文明发展的大趋势相一致的，是我们构筑国家“软实力”的基本要素。一个服务型政府，要遵循宪法基本原则，将为人民服务作为政府存在发展的要义，努力维护人民群众各项权益，努力提高自身的综合实力，从而增强核心竞争力。

（三）服务型政府是一个有责任感的政府

十八届三中全会报告指出，“突出责任落实，确保权责一致”，“完善选人用人专项检查和责任追究制度，着力纠正跑官要官等不正之风”。权利与责任相对应，有权就有责，权责要统一。政府的权力是由人民赋予的，应当为人民服务，对人民负责，要有责任感与责任意识。政府在明确自身职责的同时，还要接受外界监督。只有加强监督，政府才能真正履行自己的职责，承担自身责任。

（四）服务型政府是一个有限的政府

在计划经济体制下，政府统包统揽，渗透于国家政治、经济、文化各个领域，机构臃肿，财政负担沉重，行政效率低下。在社会主义市场经济条件下，市场是资源配置的主体，政府弥补市场的缺陷，但不能完全代替市场，政府的权力是由人民赋予的，其代表人民行使权利，接受人民的监督。并且政府的能力是有限的，不可能也不具备管理所有事务和处理所有问题的能力。因此，政府必须由“全能政府”转变为“有限政府”，由“管制政府”转变为“服务政府”。

（五）服务型政府是一个法治的政府

2014年10月23日，中国共产党第十八届中央委员会第四次全体会议审议通过了《中共中央关于全面推进依法治国若干重大问题的决定》，提出加快建设社会主义法治国家。建设法治国家的关键环节之一是依法行政。服务型政府，应该遵守宪法的基本原则，以法律为准绳，严格按照法定程序办事，依法行政，依法保障公民权利。同时，行政机关对于自身的违法行为也要依法承担相应法律责任，做到权责统一。

二、我国服务型政府构建中面临的现实困境

目前，我国政府机构还存在以下几方面问题。

（一）政府职能越位、错位、缺位的现象仍然存在

十二届全国人大一次会议通过的《国务院机构改革和职能转变方案》强调，政府职能转变是深化行政体制改革的核心。党的第十八届中央委员会第三次全体会议的主要内容是研究全面深化改革的重大问题，其中一个重要议题是转变政府职能。政府职能转变问题虽已提出多年，中央与地方政府也以转变政府职能、简政放权为突破口，取消和下放了多项行政审批事项，激发了市场的活力，为全面深化改革打下了坚实基础；但政府职能

转变是一个长期而艰巨的问题，直到今天，一些政府部门依然是“有利可图抢着做、无利可图踢皮球”，有一些地方把政府这只“看得见的手”变成“闲不住的手”，取代了市场这只“看不见的手”。这些“闲不住的手”压制了人们的创业热情，干扰了正常的市场配置机制，限制了市场和社会的创造力，成为我国经济社会转型发展的体制机制障碍。

（二）行政人员服务意识淡薄

服务型政府是以人为本的政府，是以全心全意为人民服务为宗旨的“民本位”政府。但一些政府官员“官本位”意识仍很严重，在社会管理中一直强调政府主导，忽视民众在社会治理与管理及政治生活中的重要作用，缺乏服务意识，缺乏为人民服务的精神，严重违背了服务型政府的理念和宗旨，阻碍了我国服务型政府建设的顺利展开。因此，我国政府工作人员要转变观念，树立“民本位”意识和“公民权利本位”的思想，提高认识。

（三）公共服务机制不健全

服务型政府是以公共服务为主要职能的政府。2014年的《政府工作报告》指出，要“加强基本公共服务体系建设”。我国政府服务机制仍不健全，主要表现在以下几方面。

第一，公共服务投入机制不健全。由于各级政府之间财权事权划分不清，且公共服务的投入还缺乏法律制度化的规范与约束，我国的公共服务存在城乡失衡、地区失调现象，广大农村与偏远地区公共服务投入水平低。《中国基本公共服务调查报告（2012）》指出：东、中、西部地区居民对基础设施建设普遍感到很满意，满意度平均得分排在前三位的分别是基础设施、基本教育和社会保障。但总的来说，东部地区和中部地区居民的满意度要普遍高于西部地区，医疗卫生方面地区间存在显著差异。

第二，公共服务供给制度不健全。公共服务由于其公益性与非排他性，供给主体只能是政府。但公共服务的供给方式是多样的，可以采用市场化与非市场化方式。非市场化方式是指由政府直接生产或提供公共服务。市场化方式是指在坚持市场主体地位的前提下，采取合同出租、政府购买、特许经营等方式将市场机制引入公共服务供给领域。如何发挥政府的领导作用，调动全社会力量参与公共服务供给，形成以政府为主导、全社会参与其中的公共服务运作机制，是亟须解决的问题。

第三，公共服务运行维护机制不健全。公共服务提供之后需要进行维护与定期检查，但目前许多地方尤其是广大农村地区，公共服务尤其是公共物品供给之后，缺少必要的维护，后续服务与监督不到位，许多设备陈旧老化甚至存在安全隐患。

第四，公共服务监督机制不健全。我国公共服务监督机制主要存在公共服务监督合力尚未形成、覆盖面有限、监督的具体机制不完善等问题。

（四）政府法治观念不强

党的十八届四中全会审议通过的《中共中央关于全面推进依法治国若干重大问题的决定》，提出“深入推进依法行政，加快建设法治政府”。从通俗意义上讲，法治政府就是政府要依法行政，严格按照法律来办事。但目前，一些行政机关工作人员依法行政的观念不强，能力不够，法治观念比较淡薄，“权大于法”、知法犯法的现象时有发生，严重损害了政府的公信力。

三、我国建设服务型政府的路径探究

建设服务型政府，要坚持以人为本，从转变政府管理理念、管理方式等方面入手，加强制度和机制建设，加快政府职能转变，深化行政管理体制改革。具体途径如下。

（一）重塑政府职能

政府职能改变是改革的核心内容之一，也是经济体制改革和政治体制改革的“结合部”，是调整政企关系、建立现代企业制度、深化行政体制改革和机构改革、发展第三部门等多项改革的重要内容或重要基础。重塑政府职能可以从以下几方面着手。

第一，理顺政府与市场的关系。发挥政府宏观调控的作用与市场配置资源的作用。市场机制能解决的，让市场解决，市场做不好和做不了的事，由政府引导市场，市场调节企业。

第二，理顺政府与社会的关系。服务型政府是有限政府，在社会主义市场经济体制的前提下，政府只能对社会进行宏观管理。大量微观事务的管理会造成机构臃肿、财政负担加重等弊端，因此要理顺政府与社会的关系，提高社会的自治能力，发展与培育社会中介组织，确立政府与社会的良性互动关系。

第三，理顺中央政府、地方政府与政府内部各职能部门的关系。理顺中央与地方关系，必须在合理划分事权、财权的基础上，明确中央与地方的职能关系，并用法律形式明确下来。政府内部各职能部门则要分工明确、职责统一。

（二）转变政府管理理念，提高政府工作人员的服务意识

构建服务型政府最根本的就是提高服务能力，包括物质服务能力和技术服务能力。政府提供公共服务的技术能力主要受制于政府的管理水平，有待于政府服务意识的大幅度提高和管理理念的全面革新。全心全意为人民服务是党的根本宗旨，政府工作人员在履行自身职能时要坚持“权为民所用，情为民所系，利为民所谋”，始终把人民群众摆在第一位。要转变“官本位”意识，树立“公民本位”意识，加强行政人员对“服务型政府”的认识，明确什么是服务型政府，明确构建服务型政府中行政人员应承担的责任。

（三）健全公共服务机制

健全公共服务机制应从投入机制、供给机制、运行维护机制、监督机制等四个方面着手。

1. 公共服务投入机制的健全

首先，将公共服务投入机制规范化、法律化、制度化，严格按照法律法规规范运行。其次，要完善财政投入保障机制，加大对公共服务尤其是农村与偏远地区公共服务的投入力度。最后，要发挥社会与非政府组织的力量，允许并鼓励社会力量通过招标等竞争方式参与到公共服务投入中。

2. 公共服务供给机制的健全

十八届三中全会决议指出，要“推广政府购买服务，凡属事务性管理服务，原则上都要引入竞争机制，通过合同、委托等方式向社会购买”，要“加快事业单位分类改革，加大政府购买公共服务力度”。政府要发挥主导作用，积极引进市场机制，采用合同出租、政府购买、特许经营等市场化方式将市场机制引入公共服务的供给领域，形成以政府为主导、全社会力量参与其中的公共服务运作机制。

3. 公共服务运行维护机制的健全

建立一套运行维护标准体系，严格按照标准行事，同时发挥全社会的力量，对政府公共服务维护情况进行实时监督。

4. 公共服务监督机制的健全

公共服务的投入、供给和维护离不开体制内外人员的监督。除了法律监督、上级领导监督之外，还要发挥公众的监督作用。公共服务是为公众提供的，公众能更加直接、真切地了解实际情况并进行实时监督。

（四）加快法治进程，建设法治政府

坚持依法行政，是贯彻依法治国方略的根本要求，也是建设服务型政府的必由之路。十八届四中全会以“依法治国”为主题，提出要“深入推进依法行政，加快建设法治政府”。各级政府机关要严格依照宪法和法律规定的权限和程序行使权力，履行职责，依法管理经济社会事务和其他行政事务；健全依法决策机制，政府决策要公开透明，广泛征求社会公众和专家的意见建议，建立重大决策终身追究制度；深化行政执法体制改革，

探索综合执法模式，坚持依法行政。

（五）强化社会监督，增强政府工作的透明度

在网络时代，政府是相对透明的，处在网民的监督中。政府对社会存在的问题、发生的事件如果处理不及时，信息不公开，就会被曝光在公众的视野之下。政府及时公开信息，建立阳光政府、阳光政务，既可以提高政府工作的透明化程度，也可以提高政府的公信力、重塑政府形象。网络问政平台的搭建，为公民与政府的互动沟通提供了新渠道。政府通过互联网问政于民、问需于民、问计于民，公民利用网络平台表达利益诉求，行使公民权利，监督政府，实现政府与民众的良性互动交流，推动矛盾的解决，促进民主政治的发展。

（六）建立行政服务中心，搭建“一站式”服务平台

近年来，为构建人民满意的服务型政府，我国政府在行政管理体制改革中做出了诸多尝试，其中具有标志性意义的是行政服务中心的建立，搭建了“一站式”服务平台。地方政府以行政许可为核心，以服务、便民、高效、廉政和责任为价值追求，将涉及行政许可和提供公共服务的各机关的相应职能整合到中心这个载体中，“实现一站式的办公、一条龙的服务、并联式的审批、阳光作业的规范化管理”[①]。它将政府的各项职能集中到一个办公大厅，公民可以在大厅内一次性解决问题。这样不但方便了民众，还提高了政府的行政效率，提高了政府的透明度与公信力，为建立办事高效、运转协调、行为规范的服务型政府打下了坚实的基础。

服务型政府是我国政府发展的目标与方向，是深化行政改革的必然趋势。在党中央与各级政府、社会民众的努力下，我国服务型政府的建设已取得阶段性的成果，职能的转变、审批权的下放等为全面深化行政改革打下了基础。但服务型政府的构建仍存在公共服务机制不健全、政府职能错位、越位、缺位等问题。本文对服务型政府构建中遇到的困境进行了再思

---

① 何瑞文，刘京：《论我国行政服务中心的制度困境及其破解》，《广西政法管理干部学院学报》2013年第1期，第32页。

考，并提出相应的解决思路，以推动服务型政府的构建。这是一个长远的过程，仍需学术界不断探讨研究，要在政府引导下，发挥社会力量，进一步推进服务型政府的构建。

[本文刊载于《山西大同大学学报》(社会科学版)2015年第2期]

“绿色发展”理念引领下生态文明社会构建路径探析

◎王　兵* 何源章

建设生态文明是人类发展的必然选择，而“绿色发展”是通往生态文明社会的必经之路。十八届五中全会提出的“绿色发展”理念是对我国生态文明理论的凝结与升华。“要建设好生态文明，必须采取一系列生态文明建设行动。而行动是受理念支配的，好的理念导致好的行动，好的行动产生好的结果。”①

但是在人类发展视角下，立足于我国现实，有很多问题需要探讨，如：处于经济社会转型期的中国，“黑色发展”模式还存在一定的发展空间，“黑色发展”与“绿色发展”的对垒随处可见，如何破除“黑色发展”路径依赖，成为落实十八届五中全会提出的“绿色发展”理念的关键点。习近平总书记就贯彻党的十八届五中全会精神在安徽省调研时关于“良好生态环境是供给侧结构性改革的题中应有之义，也是评价供给侧结构性改革成效的重要标准”的论述，给当下构建生态文明社会的路径探讨提供了新的素材。

一、生态文明：人类发展的必然选择

发展是人类永恒的主题，随着人类主体意识的觉醒，以及祛魅的展

---

* 王兵（1988—），男，河南省焦作市人，中共亳州市委党校讲师。

① 李佐军：《推进供给侧改革建设生态文明》，《党政研究》2016年第2期，第6页。

开，价值理性这个“欲望”堤坝也被拆除，社会生态危机接踵而至。工具理性与价值理性、理性现代性与审美现代性的分裂和尖锐对立，造成了在物质财富不断增长条件下人与自然、人与人关系的异化，自由的丧失、生活世界殖民化以及人类精神家园风雨飘摇等问题。这里我们既要看到生态危机是人类肆意发展的恶果，同时也要看到生态危机是矫正人类自我发展路径的契机。

劳动是人类改造自然的法宝，通过劳动人的主体性价值与自然展开了互动，自然成为人意识外化载体的同时，也成为人类自我发展的工具。工业革命之前，生产力水平低下，束缚了人类认识世界的能力，自然的“神圣”地位不可撼动，人类处于敬畏自然的状态。工业革命机器的轰鸣声，撕开了自然神秘性的最后一层面纱，即人类可以通过发展生产力，征服自然。“人与自然的主奴关系角色发生了根本转换，自然完全被启蒙时代的理性精神和自由意志‘祛魔化’（*disenchantment*），相应地，人也就成了地道的自然界的合法操纵者和控制者。”[①]这种非理性的“黑色发展”模式是人类主体性膨胀下，强调以人为唯一价值标准的人类中心主义发展模式。“黑色发展”模式发端于工业文明社会，既为人类社会创造了巨大财富，同时也带来了生态危机这个“定时炸弹”。

生态危机的直接表现就是人与自然之间的对立。城市雾霾严重、气候异常等现象，无不提醒着人类对自然破坏的严重性。生态危机面前人类如不认真反思，未来必然灭亡，“绿色发展”由此应时而生。“绿色发展”是人类寻求理性和谐发展的结果，是人类生态意识的觉醒，以绿色发展理念为指引所构建出来的文明形态就是生态文明。

通过以上分析，我们不难看出“绿色发展”将是人类未来发展的模式，生态文明是人类社会发展的必然选择。正如学者普遍认为的，人类社会将先后经历四种社会文明形态及发展模式，而绿色发展模式将是人类未来社会发展的理想模式与必然模式（见表1）。[②]

① 张彭松：《生态危机的现代性根源》，《求索》2005年第1期，第104页。

② 参见许广月：《从黑色发展到绿色发展的范式转型》，《西部论坛》2014年第1期，第53—60页。

表1　人类文明演进过程中的发展模式及人与自然的关系

文明演进	人与自然的关系	发展模式
原始文明	朴素和谐	无色发展
农业文明	勉强和谐	黄色发展
工业文明	不和谐	黑色发展
生态文明	理性和谐	绿色发展

二、中国特色生态文明思想的发展

构建生态文明是人类发展的必然选择，在充分认识人类发展规律的基础之上，结合自己的实际，经过几代中央领导人的努力，我们探索了一条中国特色的生态文明构建之路。

（一）构建生态文明社会思想酝酿阶段

以毛泽东同志为核心的党的第一代中央领导集体和以邓小平同志为核心的党的第二代中央领导集体就已经注意到了生态建设问题，只是限于历史条件，构建生态文明社会的思想还处于萌芽和酝酿阶段。

虽然十一届三中全会以后我们坚持以经济建设为中心，但生态问题并没有被忽视，具体表现在：一是重视环境保护，1983年将环境保护上升为国家层面，确立为我国的基本国策；二是强调科技在生态环境保护中的重要作用；三是强调环境保护要靠法制，《中华人民共和国环境保护法（试行）》的颁布标志着我国环境保护开始迈入法治时代。

（二）构建生态文明社会思想提出阶段

20世纪90年代，资源、人口、环境不协调问题逐渐显现，江泽民同志在继承邓小平同志的生态文明思想的基础上，结合社会主义建设的实际，把生态文明保护提升到了战略高度，提出了经济、社会、环境协调发展的战略思想。我国可持续发展战略宣言书《中国21世纪议程——中国21世纪人口、环境与发展白皮书》中明确提出可持续发展是推进中国未来发展的重大举措。

胡锦涛同志在总结人类发展规律的基础之上，提出了科学发展观，强调人与自然和谐是科学发展观的重要内容之一。在这一思想的指导下，我国提出了建设“两型社会”的目标。可以说，科学发展观为构建生态文明社会思想的提出做好了思想准备。在科学发展观的指导下，党的十七大明确提出建设生态文明社会，并将其融入全面建设小康社会的目标中。

（三）构建生态文明社会思想发展阶段

2012年党的十八大将生态文明建设纳入中国特色社会主义事业总体布局，自此，社会主义事业由“四位一体”总体布局提升为“五位一体”。十八届五中全会再一次升华了生态文明思想，提出了绿色发展理念。绿色发展理念是在充分认识人类发展规律的基础上，以马克思主义理论为指导，并且继承和发展了生态文明社会思想而形成的。建设生态文明是我国社会发展的必然选择，而以绿色发展理念为引领的发展是我国通往生态文明社会的必经之路。

三、转型期：黑色发展与绿色发展的并存

生态文明社会的构建是人类发展的必然选择，但是这里还有个问题需要我们注意．绿色发展理念的落实，不是一蹴而就的，现实中社会文明的发展也不是那么泾渭分明，尤其是社会转型期，可能存在着不同发展模式。当前，中国正处于社会经济转型期，开启了生态文明时代，黑色发展虽“日落西山”，但仍有余光。黑色发展与绿色发展的对垒，将是转型期经济结构调整的重要内容。

短期来看，黑色发展路径附加值远超绿色发展。黑色发展道路下的经济发展模式具有粗放发展特征。粗放的黑色发展模式体现为“低成本竞争”，这种低成本竞争是以牺牲资源和长远利益为代价的，并给社会带来了较高的资源环境代价。这种低成本由低要素价格决定，其中之一便是自然资源（包括环境）的价格偏低，这种价格没有反映自然资源的稀缺性，

进而加速了低要素价格与低成本竞争发展模式的形成。这就形成了恶性循环，由于自然资源价格较低，环境污染成本较低（当然还包括低劳动力成本、低社会福利成本、低产品质量与安全保证成本等），低成本竞争发展模式势必会走上高资源消耗、高污染排放的黑色发展道路。绿色发展是对黑色发展道路的匡正。绿色发展不但强调发展，而且注重以绿色发展理念作引领。绿色发展注重社会的长期效益，这种发展被看作社会灵魂的一种觉醒。短期效益与长期效益的对垒，提醒着政府要积极作为，为绿色发展创造条件，构建有利于社会长期效益的评估体系，如绿色GDP政绩考核机制等。

供给侧改革是针对当前我国经济供给双方资源错配问题提出的要求，创造“高端”供给，淘汰“低端”供给，是供给侧改革的重要方面。当前我国生态危机凸显，各大城市遭到雾霾侵扰，生态资源破坏严重，“高端”供给不仅指的是提供科技含量高的产品供给，还包含符合人类理性发展需求的产品供给，如绿色产品。黑色发展模式下，生产过程伴随资源消耗、环境污染，导致人类自身发展受到威胁，这就注定了“低端”供给的厄运。而绿色发展模式下，生产过程强调人与自然和谐的理性发展观念，清洁且高效，人与自然关系得到改善。因此，供给侧改革有利于绿色发展模式的转型，从而促进生态文明建设。

不同的发展模式由不同的文化科技作为支撑，并提供源源不断的智力材料，壮大巩固着发展模式。黑色发展模式自近现代以来，为人类创造了丰厚的生活资料，文化科技作为发展的支撑地位得到公认，科学家、文化工作者地位随之高扬，这样的“强物质化”的发展模式营造出了良好的社会激励。我国自改革开放以来，采用的也是类似的发展路径，造成了一定的“生态危机”。绿色发展作为更加理性化的发展模式，要想在对垒中完胜，就要改造并优化文化科技支撑。当下中国正处在社会经济转型期，如何培育绿色文化，成为发展范式顺利转型的重要方面。

四、我国构建生态文明的路径

我国构建生态文明社会任重道远，在绿色GDP政绩考核体系不健全、功利主义盛行的情况下，黑色发展路径似乎仍有生命力，将绿色发展理念真正落到实处，打破路径依赖，建议从以下几方面进行探索建设。

（一）加强绿色发展政绩考核制度建设

强调绿色发展理念的今天，传统的“唯GDP论英雄”的政绩考核制度显然已不合时宜，加强绿色发展政绩考核制度建设势在必行。一是应加快完善绿色核算体系建设。绿色核算体系是构建绿色发展政绩考核制度的核心，绿色GDP在全世界范围内仍是一个正在研究、有待成熟的项目。所幸的是，中国绿色GDP项目虽然一度搁浅，但在环保部门内部，绿色GDP核算一直没有中断过，因此，应在已有的基础研究之上加快建设绿色核算体系的步伐。二是拓宽监督渠道。当下，我国政府环境保护监督机制，主要是上级对下级的考评。除了政府内部监督以外，还应开辟“民间渠道”，例如鼓励第三方社会组织进行监督，并使其制度化，从而更全面地考察、监督政府的政绩，保证绿色发展理念的落实。

（二）深化供给侧改革推进生态文明建设

供给侧改革可以促进生态文明建设，可以从以下几方面着力。第一，优化市场竞争环境，提升资源配置效率。加大垄断行业改革力度，打破垄断状况，引入竞争机制，促进行业间公平竞争，充分发挥市场的决定性作用，优化资源配置，从而减少资源浪费；转变政府职能，做好绿色企业服务。第二，严控污染企业，鼓励绿色企业做大做强，形成产业。例如：各地应更多设立相应的企业激励机制，在鼓励生态绿色型企业发展的同时，帮助非生态型企业转型，并积极为这些企业提供技术上的支持。

（三）促进绿色发展理念融入文化体系

绿色发展理念融入文化体系有助于培育先进的绿色文化与科技，有助于形成良好的社会“绿色氛围”。中国特色社会主义的发展，社会主义现代化建设需要先进的绿色文化指引，从而促进社会整体进步、促进人的全面发展。绿色发展理念融入文化体系需要政府更多承担引导责任，社会各方应积极参与。科学技术是第一生产力，绿色发展理念融入文化体系有助于推动科技创新，创造更多“高端产品”，为供给侧结构调整作出贡献。在绿色科技的创新中，我们要注意引进世界先进国家的绿色技术。西方发达国家由于工业化发展较早，对生态科学技术的关注与研发也较早，因此，我们要加强国际绿色技术的引进和国际绿色技术的交流，以自主研发和创新为基础，完善绿色创新体系并最终形成自己的绿色核心技术，促进生态文明社会的建设。

[本文刊载于《鸡西大学学报》2016年第12期]

论制度创新在西部大开发中的地位

究竟如何加大西部开发力度和找准其切入点，仁者见仁，智者见智。有的认为，资本在经济增长中的地位是首要的，因此，应当通过政府加大投入，增加投资融资的力度来开发西部；有的认为，科学技术是第一生产力，毫无疑问，技术创新是极为重要的，只有学习、革新和科技创新，引进、消化、利用新技术才能缩小东西部的差距；有的认为，今天面临新世纪的知识经济的冲击，理所当然，知识创新在西部大开发中占有首要的地位，这是缩小东西部差距的首选条件和关键。对这一系列观点进行认真的分析，可看出都有一定的科学性。但是，如果我们进行整体系统的具体分析，便不难看出：对于眼下极为缺乏资本、技术、人才、知识的西部来说，这些单一做法本身缺乏有效性。依笔者之见，就现有西部的人力、物力、财力而言，通过制度创新（包含体制创新、管理创新等）加大西部开发力度不失为一种可行的方案。

至于有的学者强调技术创新的作用，本是无可非议的。但是，把技术创新提到西部大开发的决定性的地位是欠佳的。科学技术和工艺的发明不能带来同等的文明与先进，并非等同于机制的创新和制度的创新。在一个较为落后、封闭的社会里，制度创新的意义显得尤为重要。邓小平同志曾对组织制度、工作制度的作用问题有过精辟的论述："这些方面的制度好可以使坏人无法任意横行，制度不好可以使好人无法充分做好事，甚至会走向反面。"[①]这表明，即使我们在西部大开发中拥有许多资本、人才、技

①《邓小平文选》第2卷，北京：人民出版社1994年版，第333页。

术等资源，但没有一个好的制度创新体系来保障，效果可能也会不够理想。

1998年初，江泽民总书记在中国科学院呈报的《迎接知识经济时代，建设国家创新体系》报告中特别批示：知识经济，创新意识对于我们到21世纪的发展至关重要。能否由此推理出知识创新在西部大开发中居于首要条件呢？很显然，这里所讲的国家创新体系、创新意识，当然，包括知识创新、技术创新和制度创新系统。这是针对我国面对新世纪而言的。同时，“至关重要”并不等于发展的“首选路径”。那么，三者的关系究竟如何呢？其实，制度创新是前提和保障，技术创新是根本和动力，知识创新是基础和源泉，三者相辅相成，互为条件，互为目的，是辩证统一的关系。只有首先进行制度创新，建立一系列市场经济体制、实行市场化改革的新体制，才能使技术创新和知识创新有所依托，才能搞好和推动技术创新和知识创新，正是从这个意义上说制度创新为技术创新和知识创新提供良好制度环境，这是保持持续创新的动力之基。而技术创新其实质就是新发明和新技术在经济活动中的应用过程，这必然要求首先实行制度创新。当然，同时也要进行知识创新，否则技术创新便是无源之水，无本之木。这是因为知识创新就是通过科学研究获得新的基础科学和技术科学知识的过程，从而推动生产力的发展。其结果将会加速制度创新和技术创新。而知识创新的成果就体现为制度的文明、科学技术的先进与发达。一种新的世界观和方法论，必然将进一步推动制度的创新和技术的创新体系的形成与完善发展。

在西部大开发中首选路径应是制度创新。所谓制度，美国经济学家诺斯认为，就是人为设计的各种约束，它构建了人类的交往行为。而制度创新就中国而言，就是实施前人所没有的或一直未使用的约束人们不良行为和激励人们积极行为的一种制度和规范。至于强调制度创新处于首选路径的具体理由如下。

第一，从西部大开发的现实可行性来说，制度是各级领导易于操作可行的一种措施。因为其他种种创新，往往需要资金跟上去，表现为直接的资本投入，这是非常有限的。国家发行的有关专项国债资金，主要是用于西部的基础设施建设，为西部大开发引进外资、吸引外资创造良好的环境和一定的辅助条件。当然便于各级领导运作的标准还是制度。

第二，东西部差距不仅表现在经济增长和发展速度上，而且更主要表现在产业结构上。缩小和消除东西部发展的差距，首先得从制度创新入手。1986年至1995年10年间，东部地区工业增长有40%是由集体工业创造的，36%是由其他工业形成的。而西部地区的工业增长一半以上是增长缓慢的国有工业推动的结果，第三产业所占比重极为有限，直到1997年，西部地区国有工业产值才占到工业总产值的47.3%，全国平均水平只有26.5%，东部地区只有20.2%，而西部有的地区达到75%左右。从国有资产占总资产的比重来看，西部平均超过80%。企业所有制结构过于单一，缺乏经济竞争的压力。可见西部地区的产业结构极不合理，亟须调整和优化产业结构。这无疑首先需要进行制度创新和体制创新。

第三，从西部大开发过程来看，开发与发展第一阶段的重点就是制度创新。其次才谈得上技术创新、知识创新。对此，西方经济学家诺斯等在《西方世界的兴起》一书中论述道："有效率的经济组织是经济增长的关键；一个有效率的经济组织在西欧的发展正是西方兴起的原因所在。"①因为经济制度的演化，可以为人类降低生产的交易成本。比如，当年在深圳搞特区，首先就是从制度入手的，进行制度创新，而不是从资本入手，或从技术创新和知识创新入手。首先进行和实施制度创新、体制创新的改革，使"孔雀东南飞"，技术、人才纷纷涌向经济特区之一的深圳，资金通过不同的途径也涌向了深圳，深圳真正成为全国开放的窗口、技术创新的窗口、管理的窗口、知识汇聚的窗口，也是对外开放的窗口，至今深圳可以说发挥了特区的示范、辐射、带动作用。这种优先进行制度创新的例子，值得我们借鉴，以更好地推动西部大开发战略。中国社会主义改革建设的另一面镜子，就是农村的家庭联产承包责任制。正是由于首先进行了制度创新，解决了广大农民的粮食问题，1984年粮食总产量创了历史上最高纪录。当时，国家并未多花一分钱，只是放手让农民自己去干，通过制

① [美]道格拉斯·诺斯，罗伯特·托马斯：《西方世界的兴起》，厉以平，蔡磊，译，北京：华夏出版社1989年版，第1页。

度创新、体制创新，从而调动人力、物力、财力，使农民的生产积极性空前高涨。20年过去了，回过头来再看农村的改革，我们不得不承认制度创新在改革初期或第一阶段的重要性，它处于一种首要的、关键的和核心的地位。随着农业改革的深入，经济的发展，仅仅依靠制度创新已远远不够，它缺乏后劲，缺乏增长的动力之源，必须进行技术创新和知识创新才能进一步推动农业经济的发展。这是因为技术进步可以为人类降低生产的直接成本和提高生产的效率。后来，农村开始注意提高农产品的科技含量和附加值，讲究科学种田，讲究规模耕作，并实施农场机械化、现代化耕作，这使中国的农村和农业发生根本性的变化。

第四，从西部大开发的发展来说，我们只能实施可持续发展战略。也就是即满足当代人的发展和需要，同时又不削弱子孙后代的发展和需要。不同于西方工业化曾走过的道路——先污染后治理，我们在西部大开发中始终坚持可持续发展原则。这就必然要求首先进行制度创新、体制创新，否则难以保证西部开发过程中的资源、环境生态不被破坏。今日全球变暖、沙化严重，环境危机极为严重，中国西部的开发与发展，不再允许我们去滥用资源、滥采滥伐。

第五，从西部大开发的现有条件来说，西部也有许多自身的优势，关键是如何首先进行制度创新、体制创新，发挥好本地区的长处，用好当地的人才、资源等。我国在20世纪六七十年代进行的“三线建设”，为西部大开发奠定了良好的工业基础，集聚了大量科技人员，存储了先进科学技术，提供了一些劳动力。另外，西部矿产等资源禀赋优势更是西部经济大开发和经济发展所依托的基础。再者，旅游资源也同样极为丰富，需要把这个“朝阳”产业做好做大。常言道：文化搭台，经济唱戏。对于西部来说，就是要搭好中国古文化、原始生态文化的大舞台，唱好新兴旅游经济的大戏。这些都必须进行制度创新和经济体制创新。

我们知道，制度创新、技术创新、知识创新是一个整体的系统的配套工程。管理创新、金融创新，都是制度创新的具体体现。但是，这不是说不分阶段，不分主次。在不同的开发阶段，某一种创新占着主导地位和首要地位是明确的。在西部大开发的初期，主要任务是制度创新和法律规章制度的完善，调动广大人民的生产发展和改革创新的积极性，保护创业者的利益和权利，让人们有安定感和安全感，踏踏实实地生产和经营，让勤劳的创业者真正有利可图，使人们认识到“君子爱财，取之有道”。在西部大开发中，没有好的制度，不仅吸引不了资金和人才，就连西部本身的资金和人才也不能利用好。正是从这个意义上说，当前西部大开发中制度创新理应处于首要的地位。在这一阶段，强调制度创新、体制创新的同时，也必须重视和鼓励、支持技术创新、知识创新。在第一阶段过后，就是技术创新阶段，也就是西部开发的第二阶段，各级领导和管理者应该把技术创新摆在首位，为技术创新提供一系列好的环境和条件，这时制度障碍已经在第一阶段得到基本的解决，人们的知识水平、文化素质整体有了一定的提高，为技术创新提供了可能。推进西部大开发，解决经济发展的根本动力问题，只能依靠科技进步和技术创新。从经济增长的方式来说，从粗放型走向集约型，由集约型真正走向效益型。西部大开发的第三阶段就是知识创新阶段。从全球来看，知识经济的时代已经来临，新经济正在日新月异地发展，对中国而言，知识经济初见端倪。从人类发展历史来看，从农业经济迈向工业经济，再由工业经济走向知识经济。有人据此提出知识经济将取代工业经济。其实无论哪一个国家和地区，都不存在经济形式的取代关系，而只是按照一定的比例存在，历史也早已证明了这一点。比如中国古代，也不是单一的农业经济，依然有商业经济的存在，现在也如此，也不是单一的工业经济，未来也不例外，也不是单一的知识经济（信息经济），而是三种经济形态并存。只是过去是以农业经济为主要形态而已，现在的发展将是以工业经济为主要形态，未来逐步走向知识经济、网络经济时代，但网络经济本身是不可能生产出粮食来的。可见，三者之间的统一性是显而易见的。特别是实施西部大开发战略，我们更应该意识到这些问题。中国是个农业大国，要想实施西部大开发，必须首先稳定农业，这是国民经济的基础，也是西部大开发的经济基础。在此基础上进一步发展工业经济，逐步实现由农业经济向工业经济的发展和转变。在进行技术创新之时，为了更好地发展，使发展更具后劲，必须进行知识创新，知识就是资源，知识就是资本，知识就是发展的动力之源。通过一系列制度的创新，刺激资本的投入，同时，采取补贴等方式推动和支持开发和研究，保护知识产权，促进新观念、新思想的形成，新技术的发明与应用，加快经济的发展。

以上论述了制度创新、技术创新、知识创新的关系及制度创新的重要性和首选地位。不过，还有必要对创新的内涵重新申述一下。美籍奥地利经济学家熊彼得曾列举了创新的五种形式：引进新产品或提供一种产品的新质量；采用新技术新生产方法；开辟新市场；获得原材料的新来源；实现企业组织的新形式。这表明创新不只是某种单纯的技术问题或工艺发明，而且是一种不息运转的机制。创新就是开发前人所没有的，或者我们自己一直没有使用和实行的产品或制度等。由于我国与发达国家有很大的发展差距，别人使用过的，我们一直没有使用和实行的也完全可称为创新。这只是相对自己而言的。创新是一种不竭的内在动力，在西部大开发中不断创新，要进行制度创新，建立现代企业制度，充分发挥市场机制的作用，做好西部的拳头产品，向专、精、特、新方向发展。这是西部经济增长与发展的关键。

总之，实施西部大开发战略，加快中西部地区发展，关系经济发展、民族团结、社会稳定，关系到地区协调发展和最终实现共同富裕，是我国实现第三步战略目标的重大举措，是一项艰巨的历史任务。在西部大开发的初期，我们应该充分认识到制度创新不是一个外生变量，而是在现实实践中确实起到举足轻重作用的内生变量。

[本文刊载于《芜湖师专学报》(哲学社会科学版)2002年第3期]

政党执政合法性含义辨析

政党执政合法性问题，早已成为世界政党研究的一个基本的话题。然而，在中国这一概念一直是人们难以理解、接受的词语，也是人们常常避讳的话语。为此，笔者就此问题作进一步深入的探讨与分析。

要了解究竟什么是政党执政合法性问题，首先得了解合法性的科学内涵。

"合法性"早期被用来指那些合乎法律规范的标准，即"与法律相一致"的理念。目前，有的学者仍保留着这一看法，认为合法性就是指符合法律的要求和规范。而由此推出执政合法性就是指处于执政地位的政党遵纪守法，依法办事，执政符合法律的要求。这是典型的望文生义之说，或称为"合法律说"。有的认为合法性就是指一种正当性，或正统性。有的认为，就现实的政治秩序而言，合法性乃是规范性与经验性的统一。还有的认为合法性就是指一种超越法律之外的东西，是指权力和老百姓的互动关系问题即权威加认同，也就是王长江教授所说的认同合法性问题，或称为"认同说"。还有的认为，合法性一般主要指一国公民对统治的心理认同与支持。英国人戴维·米勒、韦农·波格丹诺对合法性问题是这样解释的：任何一种人类社会的复杂形态都面临一个合法性问题，即该秩序是否和为什么应该获得其成员的忠诚的问题。而现代社会，这个问题变得更为突出也更为普遍。关于社会秩序问题，卢梭的看法为：社会秩序乃是为其他一切权利提供了基础的一项神圣权利，然而这项权利绝不是出于自然，而是建立在约定之上的，问题在于懂得这些约定是什么。政治学家马克·

思古德认为：合法性就是对治权的认可。哈贝马斯认为，合法性就是承认一个政治制度的尊严性。迈克尔·罗斯金认为，合法性指人们内心的一种态度，这种态度认为政府的统治是合法的和公正的。对于合法性还有的作出这样的解释：它是指某个政权、政权的代表及其“命令”在某个或某些方面是合法的。它是一种特性，这种特性不是来自正式的法律或法令，而是来自有关规范所判定的、“下属”据以（或多或少）给予积极支持的社会认可（或认可的可能性）和“适当性”。还有的认为，合法性是指民众对现存政权的信任、支持和认同，是政治统治依据传统或公认的准则而得到的同意和支持。在马克斯·韦伯看来，所谓合法性就是促使人们服从某种命令的动机。

很多学者从政治学意义上来加以理解，有的认为合法性是指人们内心对政治权威和政治秩序的自觉认同。有的学者认为政治合法性就是指政府基于被民众认可的原则的基础上实施统治的正统性或正当性。还有的认为，一个政权的合法性归根结底是公民对该政权的认同性，并由认同进而支持，为之奋斗。李普塞特认为，任何政治系统，若具有能力形成并维护一种使其成员确信现行政治制度对于该社会最为适当的信念，即具有政治的合法性。英国学者比瑟姆则认为，政治制度的合法性必须具备三个方面的条件：一是符合既定的规则；二是规则本身经受得起以共同信仰为参照而进行的检验；三是下属（尤其是其中最重要的成员）对特定的权力关系明白表示同意。艾森斯塔特认为，政治合法性是指基于某些社会共同价值而对统治者及其活动的拥护。

还有的学者认为，合法性是非常复杂的概念，大体包括合乎法律性和合乎社会规范性。这个概念最早由马克斯·韦伯系统阐述，广义的合法性，则是指由道德、宗教、习惯、惯例和法律等构成的合法秩序；狭义的合法性，是政治合法性。马克斯·韦伯根据政治合法性基础不同，把政治秩序分为三种理想类型：神圣魅力的统治、传统的统治和法理型统治。所谓神圣魅力的统治，是被统治者信奉某个圣人、英雄和不同寻常的个人以及那个人的“使命”；所谓传统的统治，是指被统治者服从传统性的惯例权威；所谓法理型统治，是现代类型的统治，人们相信“法治”以及按照法律规范得到适当授权的人的权力。哈贝马斯认为，合法性意味着某种政治秩序被认可的价值以及事实上的被承认。从抽象的理想角度来说："政治合法性"是指政治体系，在价值和事实上得到社会积极支持、认同、同意，也就是"价值合法性""事实合法性"；同时包括政治体系符合价值规范的"有效运行"，也就是"政绩合法性"。杜拉克认为，"合法性"乃是一个纯功能的概念，根本就没有绝对的合法性，权力只有在涉及基本概念时才可能是合法的。"合法性"的构成乃是一个必须根据特定的社会及其特定的政治信念来回答的问题。一种权力只有在已被社会接受的道德伦理或先验的原则认为正当合理的时候才是合法的。

对于当代合法性理论，戴维·米勒、韦农·波格丹诺把其分为三大类：一类把秩序中的习惯和规范解释为与神意相连的或反照一种永存于自然之中的目的传统；另一类代表为乔治·卡特比；还有一类代表为哈贝马斯。第一类代表的观点用汉娜·阿伦特的话来说，合法性导源于人类行为之外的某些东西。有的理论虽承认现代生活中的契约性特点，却试图将合法性问题局限于那些调整公民与国家之间关系的契约上，并通过公民的理性同意来保证政府的合法性。还有的认为规范和契约化已经渗透于生活的各个领域，因而这类理论的倡导者们试图把一个推断同意的价值标准运用于所有的生活方式。第二类代表认为，现代性表明了自然的非神圣化、生活的契约化、政府的明朗化以及同意对于合法性的重大意义，其合法性问题应当被限于公民对治国的基本宪法原则的同意。第三类代表坚持认为在当代社会提出合法性问题的领域必定要拓宽。在这些社会中，惯例、规范和标准等问题，从前被认为是由传统或非人格化市场来调节的，现在则更多地被视为由权力或政治创设的契约来调整的。这些契约在一定程度上与那些包含于其中的意志相左，就此而言，它们是神秘的（因此归于不自由），或者被认为是限制性因素而非自由的媒介。政府的合法性——尽管未必是指其维持秩序的运作能力——将取决于它是否能使这些契约符合公民通过公开的、民主的进程所逐渐形成的反思意志的能力。

政治合法性这一术语源于政治学界，是政治学研究的一个最为基本的命题，是各国执政党应该首先解决好的重大课题。因为，任何统治都企图唤起并维护对它的合法性的信仰。政治合法性实质就是研究公民与公共权力之间的关系，以寻求公民对公共权力的普遍认可和自愿服从的问题，研究如何使民众对执政党的执政地位支持与承认。在中国，这关系到执政党执政地位的持久稳固问题，关系到现实社会主义制度的巩固、优越性的发挥和合理性认证。如果一个政党或政权不能解决好自身政治合法性问题，就会面临合法性危机。哈贝马斯说过：任何一种政治系统，如果它不抓合法性，那么，它就不可能永久地保持住群众（对它所持有的）忠诚心。也就是说，无法永久地保持住它的成员们紧紧地跟随它前进，就会出现政治合法性的信仰危机。那种认为，“合法性意味着某种政治秩序被认可的价值”，就是说公众获得了积极而又独立的判断能力，合法性被认为是合乎理性选择基础上的认可，它关注的是为什么应该服从和服从中的权利与义务。这样，对政治秩序合法性的评判就成了一种经常性的理性行为。这一问题之所以众说不一，其根源就在于有的强调的是社会价值存在的客观性与稳定性，有的则注重价值生成中的主观理性因素，只有将二者统一起来才能正确地认识合法性的本质。因而，笔者更赞同法国政治学家杜沃热的看法，合法性原则具有二重性：一是指一个国家的政府必须遵循与本国体制相应的价值观念；二是指一切政权都必须服从它的人民的普遍意志。这就是说，国家或政府不是基于血缘宗法关系，也不是因为强权或神意的缘故而获得其合法性。其实马克斯·韦伯也主张二重性说：从处于被命令、服从关系中的服从者来说是对于权力的认同性问题；从命令者来说，这是一个权力的正当性问题。只有把权力的正当性与权力的认同性紧密地结合起来，才构成了权力的真正合法性。这里我们不难看出，韦伯与杜沃热的观点实质是完全一致的，都强调和突出了规范、正当与民意问题。杰克·普拉诺等人认为，政治学上的合法性就是指一种政治统治，或政治权利能够被统治的客体证明是正当的、符合道义的，从而自愿服从或认可的能力与属性。

由政治合法性的内涵推之，有的学者对政党执政合法性是这样表述的：执政合法性是指执政党的执政地位得到人民的广泛认同、信仰、忠诚和服从，它是一个政权得以存在和发展的前提和基础。也有的学者认为，执政的合法性指的是政治上有效统治的必要基础，是统治者与被统治者的一种公认的理念。还有的认为执政的合法性，是指民众对现存政治秩序和政权的信任、支持和认同。

在我国还有的学者把有关的观点归纳为综合说。这种观点认为，作为执政党的政治合法性，它是合法合理的统一，也是合情合理与合法的统一，同时，又是法律规范与现实存在的统一。现实社会成员的自觉与不自觉的认可也就是一种默认的合法性。总之，我们应该从体系性、整体性角度来把握和全面认识其执政合法性。

那么，政党执政合法性的科学内涵究竟是什么呢？上述许多学者特别强调被统治者对统治者的理性认同与信任，强调政治秩序的权威使其服从，或是强调领导者的权威从而使被统治者服从。笔者认为这些观点有一个共同点，就是对处于统治地位的权力者自身强调得不够，缺少必要的约束和较高的要求。至于有的强调政党执政的正当性、道义性、功能性、特征性，这是任何政党在执政期间最为基本的要求和必然的体现。其实一个政党执政具有合法性，是双向良性行为互动的结果。从统治者的行为来说，在社会管理中不是靠权力，更多靠的是权威。从一定程度上来说靠权威的表述也不一定科学，靠自始至终服务于民众的行为，才能获得人民对现实政党执政的认可、信任和服从，即强调以人为本的和谐、科学的社会治理观。根据以上的梳理与分析，笔者以为，所谓政党执政合法性就是指一个政党取得执政权力以后，在执政期间充分运用法律的手段来治理社会和管理国家，它的行为规范既符合法律，也符合民意，做到立党为公、执政为民，得到人民的普遍认可、信赖、信仰与服从。

对于政党执政合法性作出这一表述，笔者之所以认为科学，并具有重大意义，主要理由如下。首先，这一表述符合中国共产党的性质与宗旨。我们知道，中国共产党的宗旨就是全心全意为人民服务，其性质始终是中国工人阶级的先锋队，同时是中国人民和中华民族的先锋队，是中国特色社会主义事业的领导核心，始终代表中国先进生产力的发展要求，代表中国先进文化的前进方向，代表中国最广大人民的根本利益。中国共产党不同于其他政党就在于它不仅仅是选出机构的候选人的组织，也不仅仅是一个其成员在竞争中为获得政治权力而一致行动的集团。中国共产党既是中国社会主义建设、改革、管理的主角，同时它又是主动积极服务于人民的主角。它不同于其他政党为了自身的利益去迎合民众，而是发自政党成员的内心，以人民拥护不拥护、赞成不赞成、高兴不高兴、答应不答应，作为党员和党的领导干部一切工作的出发点和落脚点，作为衡量一切决策得与失的标准。一句话，中国共产党是人民的公仆。

其次，这一表述有利于执政党自觉不断地加强自身建设和促进执政地位的持久巩固。政党执政合法性这一基本概念，指的不是法学意义上的符合法律规范或法律原则，而是政治上所说的有效统治，它是有效管理的必要基础。从一般意义上来说，它是被统治者对统治者的一种自愿的认同、服从和拥护，是人们内心的一种态度，其含义一方面体现政治统治能否以及怎样以社会大多数人所认可的方式运行，另一方面包括政治统治有效性的范围、基础与来源。作为一个政府或一个政党要获得合法性需要一定的时间，有良好的政绩，有赢得服从的能力。在社会主义国家，执政党执政的合法性，从根本意义上讲就是指执政党凭借其自身的力量，特别是治理管理的能力，在国家和社会中所获得的领导基础和执政基础。所以，在这里合法性不仅体现为执政党从国家和社会中所获得的支持程度，而且还体现为执政党领导与执政本身的合理性、权力的合法性和治理的有效性。也就是说，执政权威的合法性和合理性，不管如何界定，其基本的含义是人民对政治权威的依赖、认同、信仰和支持，人民对于执政的政党真正打心眼里爱戴与拥护。

最后，这一表述有利于执政党拒腐防变警钟长鸣，并在实际的工作中成本最小化，效益最大化，加速我国的社会主义现代化建设。但是，执政的合法地位不是一劳永逸的。随着历史的发展和时间的推移，共产党人必须不断研究新情况解决新问题，跟上时代发展的步伐。研究执政党的执政规律，讲究执政治理工作的方法与艺术。党员与领导干部全心全意服务于人民，真心实意对待人民，做到心里装着群众，凡事想着群众，工作依靠群众，一切为了群众。始终坚持权为民所用、情为民所系、利为民所谋，坚持不懈做好事。在新世纪新时期持久地执政领导中国人民建设全面的小康社会，实现中华民族的伟大复兴。

美国社会学家、政治学家利普塞特指出：任一民主国家的稳定不仅取决于经济发展，也取决于它的政治制度的合法性与有效性。我们必须认真研究世界政党执政合法性问题，尤其是中国共产党的执政规律与执政合法性问题。这是关系到党的生死存亡的大问题，也是关系到我们能否在21世纪上半叶实现江泽民同志制定的“小三步”发展战略的大问题。我们必须牢记马克思主义的与时俱进的品格，不断开拓创新，走新型工业化的道路。按照胡锦涛总书记的要求，坚持贯彻“三个代表”重要思想，始终把发展作为党执政兴国的第一要务，把创新作为党必须长期坚持的治党治国之道，把不断改善人民生活作为处理改革发展稳定关系的重要结合点，最终把中国建设成为富强、民主、文明、和谐的社会主义现代化国家。

[本文刊载于《广西社会科学》2005年第6期]

经济学视域下中国道路自信思考

中国共产党人把马克思主义基本原理与中国社会主义建设具体实际相结合，走出一条探索之路——中国特色社会主义道路（以下简称“中国道路”）。中国改革开放40多年的进步和发展，奠定了坚实的物质基础，使我们赢得了社会主义建设和发展的中国道路自信，同时也赢得了理论自信、制度自信和文化自信。

关于“中国道路”的意义和价值，陈学明教授在其所著的《中国道路为世界贡献了什么？》一书中阐明：中国道路的成功，彰显了人类文明发展的多样性，为人类对更好社会制度的探索提供了中国方案；打破了世界对西方发展模式的盲目崇拜和路径依赖，为广大发展中国家摆脱贫困落后局面作出了积极示范；引领世界社会主义走出低谷，而且重塑了社会主义与资本主义的关系，创新和发展了科学社会主义理论；用实践证明了马克思主义并没有过时，无论时代如何变迁、科学如何进步，马克思主义依然显示出科学思想的伟力，依然占据着真理和道义的制高点；进一步丰富和发展了马克思主义。

本文试图从经济学视角对中国特色社会主义建设和改革成功的“中国道路”以及所形成的道路自信作进一步深入的探究。

一、“中国道路”的发展历程

中国特色社会主义建设和改革成功的关键是我们走出了一条自己的

路，没有照搬别国的路，没有教条式地对待马克思主义，而是把马克思主义中国化，中国道路实质就是中国特色社会主义道路。从中华人民共和国成立至今，中国道路的形成和发展大致经历了以下几个阶段。

（一）中国道路的孕育阶段（1949—1977年）

在新中国成立之初，党就在思考与探讨未来社会主义如何建设的问题，1956年社会主义改造基本完成，确立了社会主义制度，由此中国开始正式进入探寻社会主义建设道路的历史时期。在之后的20多年时间里，社会主义建设事业在曲折中发展。虽然苏联模式高度集中的计划经济体制起主导作用，但其弊端也日益显露。在社会主义建设的实践中，计划经济的主导地位虽不容撼动，但是对市场调节的辅助作用并没有完全否定，而是给予一定的肯定，最突出的表现就是陈云的“鸟笼经济”思想，也就是通常所说的“三个主体，三个补充”思想。陈云讲道：“在工商业经营方面，国家经营和集体经营是工商业的主体，但是附有一定数量的个体经营。这种个体经营是国家经营和集体经营的补充……计划生产是工农业生产的主体，按照市场变化而在国家计划许可范围内的自由生产是计划生产的补充……在社会主义的统一市场里，国家市场是它的主体，但是附有一定范围内国家领导的自由市场。这种自由市场，是在国家领导之下，作为国家市场的补充，因此它是社会主义统一市场的组成部分。”[①]这种思想从理论和实践上突破了苏联高度集中统一的单一的计划经济模式，探索改进了经济管理体制，这无疑有助于社会主义市场经济思想的形成。毛泽东也谈过“地下工厂”，指出可以“开夫妻店”。1956年毛泽东同民建和工商联负责人谈话时讲道：“可以搞国营，也可以搞私营。可以消灭了资本主义，又搞资本主义。”[②]但是好景不长，由于受党内“左”倾错误思想影响，“三个主体，三个补充”思想未能坚持下去。

---

①《陈云文选》第3卷，北京：人民出版社1995年版，第13页。

②《毛泽东文集》第7卷，北京：人民出版社1999年版，第170页。

（二）中国道路的形成阶段（1978—1992年）

以党的十一届三中全会为标志，全党将工作重心转移到经济建设上来。特别是党的十二大，邓小平在开幕词中讲道："把马克思主义的普遍真理同我国的具体实际结合起来，走自己的道路，建设有中国特色的社会主义，这就是我们总结长期历史经验得出的基本结论。"[①]这可以说是"中国道路"的明确提出，并且特别强调要"走自己的道路"，这条道路就是有"中国特色"的社会主义建设改革之路。

1984年10月，党的十二届三中全会通过了《中共中央关于经济体制改革的决定》，提出社会主义计划经济是在公有制基础上的有计划的商品经济，这是我国社会主义计划经济体制改革的重大突破。农村家庭联产承包取得大丰收，之后在城市的国有企业也进行承包试点，给企业松绑，实施利改税，大破"三铁"，即所谓"铁饭碗、铁工资、铁交椅"，建立有计划的商品经济。对私营经济、个体经济也给予肯定，认为它们是社会主义计划经济的有益补充。1987年党的十三大明确我国正处于社会主义初级阶段。随着改革开放的深入发展，1992年邓小平的南方谈话，使社会主义走出"二难推理"的怪圈。党的十四大确立以市场为导向的经济体制改革目标，为我国经济发展构建了重要的制度基础，使价值规律深入经济社会的每一个角落，极大地调动了人们的生产积极性、创造活力和发展热情。把社会主义与市场经济结合起来，建立社会主义市场经济体制，走前人没有走过的路，这标志着"中国道路"正式形成。

（三）中国道路的初步发展阶段（1993—2012年）

明确中国特色社会主义建设改革中必须把社会主义与市场经济进行结合，这一经济体制改革路径的突破，才意味着中国道路的真正开辟。后面就是如何进一步走下去的问题。

党的十四届三中全会通过了《关于建立社会主义市场经济体制若干问题的决定》，明确了建立社会主义市场经济体制的基本框架：建立产权清

①《邓小平文选》第3卷，北京：人民出版社1993年版，第3页。

晰、权责明确、政企分开、管理科学的现代企业制度；建立全国统一开放的市场体系；建立以间接手段为主的宏观调控体系；建立以按劳分配为主体的收入分配制度，鼓励一部分地区一部分人先富起来，走共同富裕的道路；建立多层次的社会保障制度。随着改革开放取得新的突破，1997年党的十五大报告中提到："按照建立社会主义市场经济体制的要求，大步推进了财政、税收、金融、外贸、外汇、计划、投资、价格、流通、住房和社会保障等体制改革，市场在资源配置中的基础性作用明显增强，宏观调控体系的框架初步建立。"①1998年党的十五届三中全会审议通过《中共中央关于农业和农村工作若干重大问题的决定》，高度评价农村改革20年所取得的巨大成就和创造的丰富经验，指出："实行家庭联产承包责任制，废除人民公社，突破计划经济模式，初步构筑了适应发展社会主义市场经济要求的农村新经济体制框架。"②这无疑推动和加速了农产品流通体制的改革，完善了农产品市场体系。

从1992年党的十四大到2002年党的十六大之间的10年，是我国社会主义市场经济体制初步建立时期，公有制经济进一步壮大，国有企业改革稳步推进。把非公有制经济作为我国社会主义市场经济的重要组成部分，对个体经济、私营经济等非公有制经济是一个积极的鼓励、引导，加速了个体经济、私营经济等非公有制经济的发展。市场体系建设全面展开，宏观调控体系不断完善，政府职能转变步伐加快。

党的十六大之后的10年，就是如何建立比较完善的社会主义市场经济体制，保持国民经济持续快速健康发展的问题。

党的十六大提出："健全现代市场体系，加强和完善宏观调控。在更大程度上发挥市场在资源配置中的基础性作用，健全统一、开放、竞争、有序的现代市场体系。"③2003年党的十六届三中全会作出的《关于完善社会主义市场经济体制若干问题的决定》，根据实践发展的要求，对进一步完善社会主义市场经济体制提出了明确的目标和任务。"按照统筹城乡发

①《十五大以来重要文献选编》(上)，北京：人民出版社2000年版，第6页。

②《十五大以来重要文献选编》(上)，北京：人民出版社2000年版，第555页。

③《十六大以来重要文献选编》(上)，北京：中央文献出版社2005年版，第20—21页。

展、统筹区域发展、统筹经济社会发展、统筹人与自然和谐发展、统筹国内发展和对外开放的要求，更大程度地发挥市场在资源配置中的基础性作用，增强企业活力和竞争力，健全国家宏观调控，完善政府社会管理和公共服务职能，为全面建设小康社会提供强有力的体制保障。”[①]主要任务就是要完善公有制为主体、多种所有制经济共同发展的基本经济制度，形成促进区域经济协调发展的机制，建设统一开放竞争有序的现代市场体系，完善宏观调控体系，健全就业、收入分配和社会保障制度，建立促进经济社会可持续发展的机制。

对非公有制经济采取积极的态度，“大力发展和积极引导非公有制经济。个体、私营等非公有制经济是促进我国社会生产力发展的重要力量。清理和修订限制非公有制经济发展的法律法规和政策，消除体制性障碍。放宽市场准入，允许非公有资本进入法律法规未禁入的基础设施、公用事业及其他行业和领域。非公有制企业在投融资、税收、土地使用和对外贸易等方面，与其他企业享受同等待遇。支持非公有制中小企业的发展，鼓励有条件的企业做强做大”[②]。党的十七大再次强调继续深化机构改革、完善社会主义市场经济体制，力争使改革开放取得重大突破。推进农村综合改革逐步深化，农业税、牧业税、特产税全部取消，支农惠农政策不断加强。非公有制经济进一步发展。市场体系不断健全，宏观调控继续改善，政府职能加快转变。进出口总额大幅提升，“走出去”战略迈出坚实步伐，开放型经济步入新的阶段。

2008年党的十七届三中全会强调，“把建设社会主义新农村作为战略任务，把走中国特色农业现代化道路作为基本方向，把加快形成城乡经济社会发展一体化新格局作为根本要求，坚持工业反哺农业、城市支持农村和多予少取放活方针，创新体制机制，加强农业基础，增加农民收入，保障农民权益，促进农村和谐，充分调动广大农民的积极性、主动性、创造性，推动农村经济社会又好又快发展”[③]。

---

①《十六大以来重要文献选编》(上)，北京：中央文献出版社2005年版，第465页。

②《十六大以来重要文献选编》(上)，北京：中央文献出版社2005年版，第466页。

③《十七大以来重要文献选编》(上)，北京：中央文献出版社2009年版，第671—672页。

中国特色社会主义建设改革以及中国道路的坚持“必须切实保障农民权益，始终把实现好、维护好、发展好广大农民根本利益作为农村一切工作的出发点和落脚点。坚持以人为本，尊重农民意愿，着力解决农民最关心最直接最现实的利益问题”①。只有积极发挥农民主体作用和首创精神，紧紧依靠亿万农民，才能建设社会主义新农村。“必须统筹城乡经济社会发展，始终把着力构建新型工农、城乡关系作为加快推进现代化的重大战略。统筹工业化、城镇化、农业现代化建设，加快建立健全以工促农、以城带乡长效机制，调整国民收入分配格局，巩固和完善强农惠农政策，把国家基础设施建设和社会事业发展重点放在农村，推进城乡基本公共服务均等化，实现城乡、区域协调发展，使广大农民平等参与现代化进程、共享改革发展成果。”②如此才能真正走出中国特色社会主义道路，使中国真正进入世界现代化强国的行列。

2012年胡锦涛在党的十八大报告中讲道：“回首近代以来中国波澜壮阔的历史，展望中华民族充满希望的未来，我们得出一个坚定的结论：全面建成小康社会，加快推进社会主义现代化，实现中华民族伟大复兴，必须坚定不移走中国特色社会主义道路。”③要走好中国道路，我们必须以经济建设为中心，牢记发展才是解决中国所有问题的关键所在。“只有推动经济持续健康发展，才能筑牢国家繁荣富强、人民幸福安康、社会和谐稳定的物质基础。”④同时，中国道路是世界现代化道路的一部分，我们必须跟上时代的步伐，适应国内外经济形势的一系列新变化，尽快转变和形成新的经济发展方式，把我国经济发展的立足点转到提高效益和质量上来，想方设法激发全国各类市场主体发展的新活力，不断创新驱动发展的新动力，努力构建现代产业的新体系，着力培育开放型经济发展的新优势，从而使中国经济的发展更多依靠国内需求特别是消费需求来拉动，转向更多依靠现代服务业和战略性新兴产业带动，更多依靠科技进步、劳动者素质

①《十七大以来重要文献选编》(上)，北京：中央文献出版社2009年版，第672—673页。

②《十七大以来重要文献选编》(上)，北京：中央文献出版社2009年版，第673页。

③《十八大以来重要文献选编》(上)，北京：中央文献出版社2014年版，第8页。

④《十八大以来重要文献选编》(上)，北京：中央文献出版社2014年版，第15页。

提高、管理创新驱动，更多依靠节约资源和循环经济推动，更多依靠城乡区域发展协调拉动，增强长期发展后劲。

中国道路，始终离不开中国国情，我们必须“坚持走中国特色新型工业化、信息化、城镇化、农业现代化道路，推动信息化和工业化深度融合、工业化和城镇化良性互动、城镇化和农业现代化相互协调，促进工业化、信息化、城镇化、农业现代化同步发展”①。

（四）中国道路的进一步发展与完善阶段（2013年—）

40年的改革与发展，特别是经济方面的重大突破与发展，为中国道路奠定了坚实的物质基础。为了进一步走好中国道路，还需要全面深化改革，全面发展。2013年党的十八届三中全会强调：“我们党以巨大的政治勇气，锐意推进经济体制、政治体制、文化体制、社会体制、生态文明体制和党的建设制度改革，不断扩大开放，决心之大、变革之深、影响之广前所未有，成就举世瞩目。”②在新的形势下、新的起点上，全面推进中国的各项改革。

明确了我们党全面深化改革的总目标就是完善和发展中国特色社会主义制度，推进国家治理体系和治理能力现代化。必须更加注重改革的系统性、整体性、协同性，加快发展社会主义市场经济、民主政治、先进文化、和谐社会、生态文明，从而使一切创造社会财富的源泉充分涌流，同时使社会的发展成果更多更公平地惠及全体人民。

在这次会议上，对过去市场在资源配置中的基础性作用，首次更改为“使市场在资源配置中起决定性作用”，这是遵守市场经济的一般规律的表现，强调：“……深化经济体制改革，坚持和完善基本经济制度，加快完善现代市场体系、宏观调控体系、开放型经济体系，加快转变经济发展方式，加快建设创新型国家，推动经济更有效率、更加公平、更可持续发展。”③强调：“经济体制改革是全面深化改革的重点，核心问题是处理好

①《十八大以来重要文献选编》(上)，北京：中央文献出版社2014年版，第16页。
②《十八大以来重要文献选编》(上)，北京：中央文献出版社2014年版，第511页。
③《十八大以来重要文献选编》(上)，北京：中央文献出版社2014年版，第512页。

政府和市场的关系……健全社会主义市场经济体制必须遵循这条规律，着力解决市场体系不完善、政府干预过多和监管不到位问题。”[①]从而解决过去政府相对包办太多的问题，真正按照市场规则、市场价格、市场竞争的规律办事，使效益最大化，使效率最优化。真正发挥政府的职能作用，使社会经济稳定，优化社会公共服务，实现社会公正公平竞争，提高市场监管力度，维护市场秩序，推动经济社会持续稳定发展，避免市场失灵。“进一步破除各种形式的行政垄断。”[②]加快完善现代市场体系，深化改革，创新行政管理模式，推进法治中国建设，提升政府的公信力、执行力，努力把政府建设成为真正的法治政府和服务型政府。

中国道路要走得坚实与平稳，需要法律制度作保障。党的十八届四中全会通过了《中共中央关于全面推进依法治国若干重大问题的决定》强调：“依法治国，是坚持和发展中国特色社会主义的本质要求和重要保障，是实现国家治理体系和治理能力现代化的必然要求，事关我们党执政兴国，事关人民幸福安康，事关党和国家长治久安。”[③]坚定不移走中国特色社会主义法治道路，维护宪法法律权威，这是走中国道路的必然要求。党的领导、人民当家作主、依法治国三者是有机统一的，按照法律维护人民的权益、维护社会的公平正义，为实现中华民族伟大复兴的中国梦提供有力的法治保障。强调：“坚持依法治国和以德治国相结合。国家和社会治理需要法律和道德共同发挥作用。”[④]全面推进依法治国是一个系统工程，是国家治理领域一场广泛而深刻的革命，是需要付出长期艰苦努力的。

“法律是治国之重器，良法是善治之前提。”[⑤]我们要走好中国道路，必须建设中国特色社会主义法治体系，必须坚持立法先行，真正发挥立法的引领作用。推进法治国家建设，最为核心和关键的问题是提高立法的质量。

中国道路是一个全面发展的道路，是使全民受惠的道路。2015年党的

①《十八大以来重要文献选编》(上)，北京：中央文献出版社2014年版，第513页。
②《十八大以来重要文献选编》(上)，北京：中央文献出版社2014年版，第516页。
③《十八大以来重要文献选编》(中)，北京：中央文献出版社2016年版，第155页。
④《十八大以来重要文献选编》(中)，北京：中央文献出版社2016年版，第159页。
⑤《十八大以来重要文献选编》(中)，北京：中央文献出版社2016年版，第160页。

十八届五中全会强调，实现“十三五”时期发展目标，破解发展难题，厚植发展优势，必须牢固树立并切实贯彻创新、协调、绿色、开放、共享的发展理念。这是关系我国发展全局的一场深刻变革。2017年党的十九大报告强调以人民为中心，使用“人民”一词达198次之多。

中国道路始终离不开党的领导，要想使中国道路走得稳走得实，越走越宽广，就必须从严治党，加强执政党自身建设。中国特色社会主义道路的前景如何，关键看我们能否充分发挥现有的政治优势，充分发挥党员的力量，使每位党员都能够严守党的政治纪律和政治规矩，坚持不忘初心、继续前行，真正起到率先垂范、以上率下，为全社会作出示范的作用。对于执政党来说，必须不断提高战略思维、创新思维、辩证思维、法治思维的能力，提高领导能力专业化水平。同时，具有高素养，做人做事有底线，不违规，不越界，不触碰底线。2016年党的十八届六中全会通过了《关于新形势下党内政治生活的若干准则》，以习近平同志为核心的党中央身体力行、率先示范，坚定推进全面从严治党，坚持思想建党与制度治党紧密结合，集中整饬党风，严厉惩治腐败，净化党内政治生态，党内政治生活展现出新气象，赢得了党心民心，为开创党和国家事业新局面提供了重要保证。

二、中国道路自信经济层面分析

马克思主义唯物史观告诉我们：社会存在决定社会意识，生产力决定生产关系，经济基础决定上层建筑。中国道路自信主要是由于走中国特色社会主义道路，它是人民的选择和历史的选择。中国找准了改革的路径，解放生产力，发展生产力，取得了今天的成就。也正是抓住经济建设这个中心，创造了社会主义的物质文明，才能逐步实现社会主义精神文明、政治文明以及生态文明。一句话，我们走了一条把马克思主义基本原理与中国建设和改革的具体实践相结合的道路，即中国特色社会主义道路，才有了之后的成功和中国道路自信。正如习近平在纪念邓小平同志诞辰110周年座谈会上的讲话中所说的，邓小平同志抓住“什么是社会主义、怎样建设社会主义”这个基本问题，响亮提出“走自己的道路，建设有中国特色社会主义”的伟大号召，成功走出一条中国特色社会主义新道路。胡锦涛同志也说过：“改革开放以来我们取得一切成绩和进步的根本原因，归结起来就是：开辟了中国特色社会主义道路，形成了中国特色社会主义理论体系。高举中国特色社会主义伟大旗帜，最根本的就是要坚持这条道路和这个理论体系。”①

中国道路自信能够提出的原因很多，它离不开马克思主义理论和习近平新时代中国特色社会主义思想的指导，离不开中国人民对共产党人的信赖与支持，唯物史观揭示出生产力的最终决定作用，它是历史的必然。真正使我们提出中国道路自信的是新中国成立70年，特别是改革开放40年中国特色社会主义建设的成就，这使我们对中国特色社会主义建设道路信心满满。下面就从经济层面用具体数据来分析中国道路自信的必然性问题。

首先，由表1可以看出，新中国成立之初的1952年国内生产总值仅仅为679亿元，经过26年的建设到改革开放前的1978年，也仅仅为3645.2亿元，增长了4.37倍，如果按照人均来算仅增长了2.2倍。从改革开放来看，特别是把改革开放40年，以1992年推行市场经济分为前后两个阶段进行对比分析将会得到许多启示。改革开放13年后的1991年国内生产总值与新中国初相比增长了31.1倍，是1978年的6倍。2008年的国内生产总值是1952年的443倍，1978年的82.5倍，1991年的13.8倍。从人均来看，2008年的人均国内生产总值是1952年的190.7倍，1978年的59.6倍，1991年的12倍。

表1　中华人民共和国成立以来相关经济指标

		1952年	1978年	1991年	2008年	2016年	2018年
国内生产总值(亿元)		679	3645.2	21781.5	300670	744127	900309
人均国内生产总值(元/人)		119	381	1893	22698	53980	64644
全国进出口贸易总额(亿美元)	出口总额	8.2	97.5	718.4	14306.9	20974.37	164177
	进口总额	11.2	108.9	637.9	11325.6	15874.77	140874

①《十七大以来重要文献选编》(上)，北京：中央文献出版社2009年版，第8—9页。

续 表

		1952年	1978年	1991年	2008年	2016年	2018年
国内生产总值构成	第一产业	51.0%	28.2%	24.5%	11.3%	8.6%	7.2%
	第二产业	20.9%	47.9%	41.8%	48.6%	39.8%	40.7%
	第三产业	28.2%	23.9%	33.7%	40.1%	51.6%	52.2%
外汇储备/亿美元		1.39	1.67	217.12	19460.30	30105	30727
城乡居民人民币储蓄存款年底余额/亿元		8.6	210.6	9244.9	217885.4	1139000	—
人均储蓄存款余额/元		1.5	21.9	798.3	16406.8	81590	—
全国城乡居民家庭恩格尔系数	城镇居民家庭平均每人恩格尔系数	—	57.5%	53.8%	37.9%	29.3%	27.7%
	农村居民家庭平均每人恩格尔系数	—	67.7%	57.6%	43.7%	32.2%	30.1%
全国人口状况/万人	城镇	7163	17245	31203	60667	79298	83137
	农村	50319	79014	84620	72135	58973	58973

注：①1952年、1978年、1991年、2008年数据来自《新中国60年》。2016年数据来自《中华人民共和国2016年国民经济和社会发展统计公报》。2018年数据来自《中华人民共和国2018年国民经济和社会发展统计公报》以及国家统计局网站等。

②部分数据因四舍五入，存在与各项合计不等的情况。

③本表各年人口不包括港澳台。

从以上分析可以看出：在没有搞市场经济前，年均增长与人均增长的增幅较小，推行市场经济后增幅较大，推行市场经济前后差距是明显的。这说明推行市场经济的正确性。有的学者可能会说，随着改革开放的深入，基础会越来越好，理所当然会比以前发展得快一点。这一看法其实并不科学。理由是随着经济基数增大（即分母增大），想让分子增大，特别是比例系数增大，会越来越难。中国20世纪90年代之后持续发展20多年，只能说明邓小平把社会主义与市场经济结合是一个伟大的创举，说明建立社会主义市场经济体制的成功和方法对头。

其次，从其他项目作进一步分析也可得出类似的结论。比如，从我国进出口贸易总额来看，1978年进出口贸易总额分别是1952年进出口贸易总额的9.7倍和11.9倍；1991年的进出口贸易贸易总额是1952年进出口贸易总额的57倍和87.6倍，是1978年进出口贸易总额的5.9倍和7.4倍；2008年进出口贸易总额是1991年进出口贸易总额的17.8倍和19.9倍；2016年的进出口贸易总额是1991年进出口贸易总额的24.9倍和29.2倍。我国推行市场经济后，进出口贸易总额增长明显，可见推行市场经济的效果是不容置疑的。

最后，从一、二、三产业比例来看，从第一产业的下降幅度来考察。1991年与1978年相比，第一产业降幅为13.1%，平均每年降幅为1%，2016年与1991年相比较，降幅为64.9%，平均每年降幅为2.6%。从第三产业增长来看，1991年与1978年相比，增幅为41%，平均每年增幅为3.2%，2016年与1991年相比，增幅为53%，平均每年增幅为2.12%，2016年第三产业在国内生产总值构成中总的比例为51.6%，2018年达到52.2%。当然从第一产业看，其成就也是明显的，2016年，第一产业在三次产业中的比例降到8.6%，2018年降到了7.2%，不到10%了。

不论从外汇储备，还是城乡居民人民币储蓄存款余额，抑或是恩格尔系数，以及城镇与农村人口比例来看，都可得出改革开放，特别是推行社会主义市场经济体制的改革，成就明显。

上述的数字分析是从纵向进行的，可能有的人认为这还不够充分。因此，借用横向资料比较一下：从1978年到2012年，我国国内生产总值平均增长速度保持在9.8%，同期世界经济年均增速只有2.8%；我国经济总量居世界的位次由1978年的第10位上升到2012年的第2位；经济总量占世界的份额由1978年的1.8%提高到2012年的11.5%。根据世界银行的数据，我国人均国民总收入由1978年的190美元上升至2012年的5680美元，按照世界银行的划分标准，已经由低收入国家跃升至上中等收入国家；人民生活水平和质量极大改善，从1978年至2012年，城镇居民家庭和农村居民家庭的恩格尔系数分别由57.5%和67.7%下降到36.2%和39.3%。[①]

这些数字是对中国道路的最好说明，也使我们对走中国特色社会主义道路充满自信。2010年中国成为仅次于美国的世界第二大经济体，2013年习近平在党的十八届三中全会上强调："不断增强中国特色社会主义道路自信、理论自信、制度自信。"[②]我们应紧紧抓住解决中国所有问题的关键——发展，全面深化改革，走我们自己的有特色的道路。

三、中国道路与制度、理论和文化之间的关系

今天中国已成为世界第二大经济体，这得益于我们走了一条中国特色社会主义建设改革之路——中国道路。

所谓中国道路，是指从中国自身的国情党情世情出发，探索出的具有中国特色的社会主义革命、建设、改革之路。它有自身的独特方式、独特路径，它是对中国特色社会主义建设改革的实践总结和高度的理论概括。它也是中国特色社会主义建设改革中的中国经济社会发展和政治发展以及文化发展的总称。中国道路就是中国特色社会主义道路，至于它与中国特色社会主义理论体系、中国特色社会主义制度的关系，党的十八大报告中讲："中国特色社会主义道路是实现途径，中国特色社会主义理论体系是行动指南，中国特色社会主义制度是根本保障，三者统一于中国特色社会主义伟大实践，这是党领导人民在建设社会主义长期实践中形成的最鲜明特色。"[③]这就是中国道路能够创造辉煌的原因。

那么中国道路与中国文化和中国特色社会主义文化是何关系呢？

文化是民族的血脉，是人民的精神家园。文化是中国道路持久的精神动力和智力支持，是使中国道路更有后劲、更有底气，引领中国社会走向康庄大道的力量。党的十八大指出："全面建成小康社会，实现中华民族

① 参见国家统计局：《改革开放铸辉煌 经济发展谱新篇——1978年以来我国经济社会发展的巨大变化》，《人民日报》2013年11月6日，第10版。

②《十八大以来重要文献选编》（中），北京：中央文献出版社2016年版，第155页。

③《十八大以来重要文献选编》（上），北京：中央文献出版社2014年版，第10页。

伟大复兴，必须推动社会主义文化大发展大繁荣，兴起社会主义文化建设新高潮，提高国家文化软实力，发挥文化引领风尚、教育人民、服务社会、推动发展的作用”，“建设社会主义文化强国，必须走中国特色社会主义文化发展道路。”①

2016年5月17日，习近平在《在哲学社会科学工作座谈会上的讲话》中又讲：“我们走自己的路，具有无比广阔的舞台，具有无比深厚的历史底蕴，具有无比强大的前进定力，中国人民应该有这个信心，每一个中国人都应该有这个信心。我们说要坚定中国特色社会主义道路自信、理论自信、制度自信，说到底是要坚定文化自信。文化自信是更基本、更深沉、更持久的力量。”②正是由于我们确立了社会主义基本制度，有了制度的保障，才有后来中国特色社会主义的建设改革和发展，才能走出一条中国道路，才能形成当代中国的马克思主义——中国特色社会主义理论体系，才能创造出中国特色社会主义文化。正是由于我们有马克思主义理论的指导，解放思想、实事求是，把马克思主义中国化，才形成了中国特色社会主义理论体系，才走出了中国道路，进一步巩固、完善和发展了中国特色社会主义制度，进一步繁荣了中国文化。正是由于我们有深厚的文化底蕴，高举中国特色社会主义伟大旗帜，才能走好中国道路，不断推进制度创新、理论创新、文化创新。

总之，“实践证明我们的道路、理论体系、制度是成功的”③。必须时刻牢记：“我们坚定不移高举中国特色社会主义伟大旗帜，既不走封闭僵化的老路、也不走改旗易帜的邪路。中国特色社会主义道路，中国特色社会主义理论体系，中国特色社会主义制度，是党和人民九十多年奋斗、创造、积累的根本成就，必须倍加珍惜、始终坚持、不断发展。”④我们一定要走好这条有利于全人类的和平发展之路，她将会使我们越来越辉煌，也必然越来越自信。习近平总书记在纪念五四运动100周年大会上再次强调：

①《十八大以来重要文献选编》(上)，北京：中央文献出版社2014年版，第24页。

② 习近平：《在哲学社会科学工作座谈会上的讲话》，《人民日报》2016年5月19日，第2版。

③《习近平谈治国理政》，北京：外文出版社2014年版，第161页。

④《十八大以来重要文献选编》(上)，北京：中央文献出版社2014年版，第9页。

“在中国共产党领导下，我们开辟了中国特色社会主义道路，形成了中国特色社会主义理论体系，建立了中国特色社会主义制度，发展了中国特色社会主义文化，推动中国特色社会主义进入了新时代。中国人民拥有了前所未有的道路自信、理论自信、制度自信、文化自信，中华民族伟大复兴展现出前所未有的光明前景！”①

[本文完稿于2019年5月]

① 习近平:《在纪念五四运动100周年大会上的讲话》,《人民日报》2019年5月1日,第2版。

第三篇

中国特色社会主义文化建设与文化自信

建设中国特色社会主义文化强国战略浅析

◎丁梦云* 何源章

在世界各种文化交流频繁的今天，中国作为四大文明古国和世界大国，更需要建设文化强国。自十六大以来，我们党大力推行文化体制改革，强调文化建设。党的十七届六中全会，掀起社会主义文化建设新高潮。这体现了当代中国高度的文化自觉、文化自信、文化自强，体现了党和国家对文化建设的高度重视。

一、中国共产党历来重视文化建设

早在延安时期，毛泽东同志就提出建设中国人民大众的新民主主义文化，强调共产党人必须加强文化建设，提高理论素养，不但为中国的政治革命和经济革命而奋斗，而且为中国的文化革命而奋斗。在未来建设的新社会和新国家，不但有新政治、新经济，而且有新文化。要把一个被旧文化统治因而愚昧落后的中国，变为一个被新文化统治因而文明先进的中国。1979年10月30日邓小平在《在中国文学艺术工作者第四次代表大会上的祝词》中讲道："我们要在建设高度物质文明的同时，提高全民族的科学文化水平，发展高尚的丰富多彩的文化生活，建设高度的社会主义精神文明。"[①]1991年7月1日，江泽民同志提出中国特色社会主义文化建设，

*丁梦云（1988—），女，安徽省肥东县人，中共肥东县委党史和地方志研究室征编科副科长。

①《邓小平文选》第2卷，北京：人民出版社1994年版，第208页。

2000年初又提出共产党人要成为“先进文化”的代表者。党的十六大明确提出积极发展文化事业和文化产业的战略决策，这标志着我国的文化体制改革进入一个新的历史阶段。

2003年6月，全国文化体制改革试点工作会议召开。会议从多个侧面阐述了搞好文化体制改革试点工作的基本要求。党的十六届三中全会明确把文化体制改革纳入完善社会主义市场经济体制的重要任务。党的十六届四中全会把提高建设社会主义先进文化的能力作为加强党的执政能力建设的一项重要任务，提出了深化文化体制改革，解放和发展文化生产力的命题。

2005年10月，十六届五中全会则在《中共中央关于制定国民经济和社会发展第十一个五年规划的建议》中，明确提出要形成“两个格局”，即以公有制为主体、多种所有制共同发展的文化产业格局和民族文化为主体、吸收外来有益文化的文化市场格局等目标。

2005年12月，中共中央、国务院又出台了《关于深化文化体制改革的若干意见》，成为深化文化体制改革的一个纲领性文件。2006年3月，中央召开全国文化体制改革工作会议，要求努力在重塑文化市场主体、完善市场体系、改善宏观管理、加快转变政府职能等关键环节上实现新突破。

2007年10月，党的十七大从中国特色社会主义经济、政治、文化、社会建设“四位一体”总体布局的高度，强调了文化建设的重要战略地位，提出了推动社会主义文化大发展大繁荣的目标要求。2009年7月，我国第一部文化产业专项规划——《文化产业振兴规划》由国务院常务会议审议通过。8月，中央召开全国文化体制改革经验交流会，要求各级党委政府要深入学习实践科学发展观，树立新的文化发展理念，将文化体制改革摆在更加突出的位置。

2010年10月，十七届五中全会在“十二五”规划建议中指出，深化文化体制改革，创新文化生产和传播方式，解放和发展文化生产力，增强文化发展活力，推动文化产业成为国民经济支柱性产业。

2011年10月，党的十七届六中全会全面分析形势和当前任务，对我国文化改革发展的丰富实践和宝贵经验进行了总结。研究部署深化文化体制改革、推动社会主义文化大发展大繁荣工作，进一步兴起社会主义文化建设新高潮，对夺取全面建设小康社会新胜利、开创中国特色社会主义事业新局面、实现中华民族伟大复兴具有重大而深远的意义。

二、建设社会主义文化强国的路径

文化“三自”即文化自觉、文化自信、文化自强，是建设中国特色社会主义文化强国的必然要求。党的十七届六中全会提出坚持中国特色社会主义文化发展道路表明了我们党高度的文化自觉，提出建设社会主义文化强国表明了我们党高度的文化自信。文化自觉、文化自信、文化自强是一个有机的统一的整体。文化自强是文化自觉、文化自信的延伸和发展，需要文化自觉和文化自信作基础。没有文化自觉与文化自信，就不会有文化自强。因为有文化自觉和有文化自信的落脚点，才能有文化自强的源泉，才有可交流的意义。要建设中国特色社会主义文化强国，就必须增强文化自觉、文化自信和文化自强，使人们的思想和实践统一到十七届六中全会精神上来，进一步开创文化改革发展的新局面，走中国特色社会主义文化发展道路。

（一）文化自觉是建设社会主义文化强国的前提

提高文化自觉，最主要的是增强广大人民群众尤其是决策者对文化软实力在综合国力中的不可替代地位的重视。文化自觉指的是一个政党、一个民族在文化上的觉悟以及觉醒，包括对文化发展规律的正确认识与把握，对文化在社会发展与历史进步中地位作用的深刻认识，对发展文化历史责任的担当。文化自觉是一种内在的精神力量，是对文明进步的强烈向往和不懈追求，是推动文化繁荣发展的思想基础和先决条件。历史和现实表明，一个民族的觉醒，首先是文化上的觉醒。一个政党的力量和执政能力，在很大程度上取决于文化自觉的程度。可以说，高度的文化自觉，不仅关系到文化自身的振兴和繁荣，而且决定着一个民族、一个政党的前途命运。

增强文化自觉，就要自觉认识文化的重要地位、自觉把握文化的内在规律、自觉担当文化的建设责任。

文化是一个民族凝聚力和创造力的重要源泉，是综合国力竞争的重要因素，是经济社会发展的重要支撑力量，文化是推动社会发展的重要手段，也是社会文明进步的重要目标。文化既可以带动经济发展，也可以提升经济增长的质量。文化是联结人心的精神纽带，关系人民的幸福。文化渗透于生活的每个角落，影响着人们的思想，引导着一个国家的前进方向。文化具有自身的特性，有内在的发展规律，所以文化自觉必须理性准确地把握文化发展的规律。当前我国正处在社会主义发展的初级阶段，推进文化建设，必须坚持从实际出发，找准历史定位，充分认识我国发展的阶段性现状和特征，认识现阶段我国文化构成和状况的复杂性，制定切实可行的文化发展战略，既不落后于时代又不超越阶段发展，既不超前超速发展也不落后放慢发展。在多元文化共存的今天，要着力发展壮大我国的主流文化，弘扬社会主义主旋律，增强社会主义的魅力。

自觉担当文化建设的重任是实现中华民族伟大复兴的必然要求。党和国家必须高扬自己的文化理想，高举自己的文化旗帜，树立自己的文化形象，切实承担起推动文化繁荣发展的历史责任，做到高度自觉地承担起用先进文化引领社会进步的责任，做到高度自觉地承担起传承民族优秀文化的责任，做到高度自觉地承担起提高国家文化软实力、维护国家文化安全的责任，做到高度自觉地承担起满足人民精神文化需求、保障人民基本文化权益的责任。

（二）文化自信是建设社会主义文化强国的内在需求

对中国文化根的尊重和扬弃是文化自信的一种表现方式，要提高文化自信必须实现对中国文化魂的坚守和创新，对外国文化的包容和借鉴。

中国是四大文明古国之一，有着悠久的文明历史，文化博大精深、源远流长。中国文化的根指的就是古代传统文化。由于受历史和科技水平的局限，中国古代传统文化中有些糟粕，但其主体内容仍然蕴含着非常丰富的文化软实力要素，其理性价值和伦理精神顺应人类社会发展趋势，至今仍然闪烁着耀眼的生命力之光。中国传统文化中所包含的仁义、忠勇、孝悌、民本、诚信、正义、和合、大同等思想，是中华民族生生不息、团结统一的文化血脉。所谓中国文化的魂，是指植根于中国国情并发展的中国化马克思主义。中国文化的魂，是中国共产党人和中国人民智慧的结晶，是当前引领中国实现民族伟大复兴最有效的思想指南和精神旗帜。中国文化的魂，为我们提供了科学的世界观、方法论和锐利的思想武器，使我们在文化软实力建设中明辨是非、权衡利弊、明察秋毫、扬善除恶、运筹帷幄，不断开拓新境界。中国作为历史文化悠久的大国，理应有宽阔的胸襟、高远的目光，敢于求同存异，善于兼收并蓄别国之优长并创新超越。同时，也要防范别国文化糟粕的侵蚀，做到扬长避短，有的放矢。增强文化自信要做到继承和发扬传统文化，吸收和扬弃外来文化，着眼和推动将来文化。

一个国家的传统文化是一个国家的文化根。传统文化是一个国家的精神命脉所在，彰显这个国家的文化特质。对于当今中国来说，深厚的民族传统文化、科学的马克思主义指导思想、丰富的革命文化，就是我们文化的根基，是我们在世界文化中立于不败之地的法宝，必须坚持和弘扬传统文化。从传统文化中汲取养分，顺应时代发展，进行文化创新，建设中国特色社会主义文化强国。同时，我们必须吸收和扬弃外来文化。中国自改革开放以来，一直与外国保持着文化上的密切交流，并且从中汲取养分，促进自身文化的发展。如何对待外来文化，考验着一个国家的文化自信。越是自信，就越能够以积极的态度对待外来文化，越能够在同外来文化的互动交流中得到丰富发展。有开放包容的胸怀，广泛吸纳多元有益文化，融合一切外来优秀文化成果，是推动中华文化繁荣兴盛的必然要求。同时，去其糟粕，选择适合我国的文化内容，不盲目崇外，更不能照搬照抄，要有转化再造的能力，这就需要文化创新，使外来文化成为能为我国所用的，具有中国风的文化形式和内涵。

文化自信，来自对未来文化发展的光明前景的预期，来自对中国传统文化的继承，来自当今中国的文化发展。中国人民的伟大创造以及中国共产党的领导为文化的繁荣兴盛提供了历史性机遇和巨大的舞台，当代中国文化正展示出一片欣欣向荣的景象，一幅蓬勃生机的画面。在多元化的世界格局下，中国综合国力和国际地位提升，世界对中国文化投以更多的目光，这为扩大中国文化的影响力提供了重要契机。我们要从中国特色社会主义伟大实践，文化建设自身的良好局面以及网络化、信息化的潮流中把握我国文化的发展前景。

（三）文化自强是建设社会主义文化强国的根本方法

文化自强，就是在立足现实的基础上，依靠自己的实力，发挥自己的特色，使自己的文化具有强大的吸引力、影响力、竞争力、活力和创造力。在当今世界形势下，要想有自己的舞台，在世界文化之林，有自己的一席之位，就必须有自己的文化实力，紧紧抓住文化发展的主动权，高举中国特色社会主义伟大旗帜，坚持中国共产党的领导，深入贯彻落实科学发展观，并在“二为”方向和“双百”方针政策的引导下，走出一条中国特色社会主义文化强国之路。

实现文化自强必须做到巩固文化的根本依靠力量，塑造文化的内在实质灵魂，走文化发展的可持续道路，激活和开拓文化的源泉。

发展社会主义先进文化，要保持党与群众的紧密联合，调动广大人民群众的文化积极性和文化创造性，人民群众是文化的创造者和继承发展者，必须重视发挥人民群众的力量，同时对一些有特长的文化人才加以重用，并建立社会主义文化人才队伍，鼓励广大人民群众投身到建设社会主义先进文化的进程中来，只有这样才能保证社会主义先进文化长久兴盛。

社会主义核心价值体系是文化的灵魂。建设社会主义先进文化，必须把社会主义核心价值体系作为一项根本任务牢牢抓紧。塑造社会主义核心价值体系要体现时代感，突出大众化，富有独创性。大力宣传和塑造社会主义核心价值体系，就要融入文化建设的各个方面，体现在精神文明建设的全过程。科技赋予文化生命力，促进文化的传播和发展，要重视科技的力量，使文化的内在灵魂更充实、更强大。

走文化发展的可持续道路，就必须全面贯彻落实科学发展观，坚持以人为本，做到发展依靠人民，发展为了人民，促进人的全面发展，以发展为第一要务，解决文化发展中遇到的种种问题，文化为经济服务，同时使文化自身达到繁荣与发展。坚持全面协调可持续，调整文化建设的各个方面，坚持统筹兼顾，立足全局，着眼长远，构建科学合理的文化发展格局，转变文化发展方式，提高文化发展的效益。

文化的源泉在于改革和创新。改革是使文化焕发生机的唯一路径，要不断深化文化体制改革，破除体制性障碍，构建适应文化发展的充满活力、富有效率、更加开放的社会主义文化新体制。创新是文化的本质特征，只有不断进行文化创新，充分利用科技的发展，为文化发展注入活水，才能在文化竞争中立于不败之地，促进社会主义文化的不断繁荣发展，推动社会主义文化强国的建立。

三、建设社会主义文化强国的意义和作用

社会主义文化是中华民族凝聚力和创造力的重要源泉，是中国综合国力竞争的重要体现，是经济社会发展的重要支撑。建设社会主义文化关系全面建设小康社会奋斗目标的实现，关系中国特色社会主义事业总体布局，关系中华民族伟大复兴，关系人类文明进步。

（一）建设社会主义文化强国的意义

建设社会主义文化强国是建设中国特色社会主义文化发展道路的必然要求。它为继续解放思想、坚持改革开放、推动科学发展、促进社会和谐提供了坚强的思想保证、强大的精神动力、有力的舆论支持、良好的文化条件。

建设社会主义文化强国是深入推进社会主义核心价值体系的内在需求。社会主义核心价值体系需要社会主义先进文化的支撑，从而促进社会主义核心价值体系更加丰富、完善和发展。

（二）建设社会主义文化强国的作用

建设社会主义文化强国是社会主义精神文明建设的题中之义，社会主义精神文明建设的重点就是建设社会主义文化。建设社会主义文化有助于

提高全民族思想道德素质和科学文化素质，促进人的全面发展。

建设社会主义文化强国是不断加强党的执政能力建设的思想基础，社会主义先进文化是马克思主义政党思想精神上的旗帜，建设社会主义文化有利于充实和巩固党的执政能力建设的思想基础，从而保证党的执政地位稳定。

综上所述，文化自觉、文化自信、文化自强是建设社会主义文化强国的必然要求，要牢记在心，付诸实践。不断贯彻落实党的第十七届六中全会精神，依靠广大人民群众的力量，按照文化发展的内在规律，不断创新，丰富和发展传统文化，吸取外来文化养分，着眼未来文化的发展前景，打造中国特色社会主义文化。进一步深化文化体制改革，为文化的发展营造良好的环境和土壤。坚持在党的领导下，高举中国特色社会主义伟大旗帜，贯彻落实科学发展观，紧抓社会主义核心价值体系建设，提高全民族的文化素质，培养一批优秀文化人才投身文化建设，鼓励广大人民群众支持和发展社会主义文化事业。增强国家文化软实力，在激烈的世界文化竞争中脱颖而出，并通过国家文化实力的发展促进综合国力的增强。文化体制改革是一项艰巨的任务，必须有耐心和恒心，建设中国特色社会主义文化强国还有很长的一段路要走，必须协调好各方面工作，统筹兼顾，为文化事业的建设注入活力，扫除障碍。同时文化事业的发展也要为其他各项事业的发展增添文化动力。在经济全球化的形势下，只有不断充实和强大本国的文化实力，才能保持国家的本色，保证国家的魂不动摇。这就要求弘扬中国传统文化，对外来文化扬长避短，并进行文化创新，规划文化发展的方向。提高文化自觉，增强文化自信，实现文化自强，才能更好地朝着建设中国特色社会主义文化强国的道路不断前进。

[本文刊载于《铜陵职业技术学院学报》2012年第2期]

弘扬传统文化　提升文化自信

◎王　兵* 何源章

党的十八届六中全会的召开对于全面从严治党具有重要的意义。这次会议以“全面从严治党”为主题，通过了《关于新形势下党内政治生活的若干准则》（以下简称《准则》）、《中国共产党党内监督条例》两个非常重要的党内法规文件，两个文件是全面从严治党、严肃党内政治生活的两把利器。《准则》强调理想信念动摇是最危险的动摇，理想信念滑坡是最危险的滑坡。全党同志必须坚定对中国特色社会主义的道路自信、理论自信、制度自信、文化自信。可以说，提升文化自信是坚定理想信念的重要基础，是贯彻落实十八届六中全会精神的重要内容。

一、把坚定理想信念作为开展党内政治生活的首要任务

十八届六中全会公报指出，“党要管党必须从党内政治生活管起，从严治党必须从党内政治生活严起”。党内政治生活是指党内全部政治活动，是党内各级组织和党员按照党章及党内各项规章制度进行的各种政治活动的总和。具体来讲，党内政治生活包含了学习教育、组织管理、党内监督、民主生活会、组织生活等内容。党的思想建设、组织建设、作风建设、反腐倡廉建设、制度建设等与党内政治生活是内容与平台（载体）的关系，都要通过党内政治生活（活动）体现出来，没有好的平台做保证，

* 王兵（1988—），男，河南省焦作市人，中共亳州市委党校讲师。

党建效果就会受到影响。因此，我们强调党要管党就得从党内政治生活管起，从严治党就得从党内政治生活严起。理想信念是党员干部的精神之钙，理想信念动摇是最危险的动摇，理想信念滑坡是最危险的滑坡。《准则》强调：共产主义远大理想和中国特色社会主义共同理想，是中国共产党人的精神支柱和政治灵魂，也是保持党的团结统一的思想基础。必须高度重视思想政治建设，把坚定理想信念作为开展党内政治生活的首要任务。

理想信念是共产党人的精神支柱。回顾党艰苦创业的历程可知，“革命理想高于天”始终是共产党人力量的源泉。在革命时期，无数革命先烈抛头颅洒热血；在建设时期，无数党员无私奉献。无论道路多么曲折，共产党人始终坚信“前途必然光明”，克艰攻难，一次又一次地经受住了磨难，取得了革命和建设的成功，拉开了改革开放的序幕。正如邓小平所讲：“为什么我们过去能在非常困难的情况下奋斗出来，战胜千难万险使革命胜利呢？就是因为我们有理想，有马克思主义信念，有共产主义信念。”[①]当下，面对“四大危险”和“四大考验”，我们要始终坚持我党的优良传统，坚定理想信念，继续前行。

理想信念是共产党人的政治灵魂。从世界范围来看，任何一个政党都有自己的理想信念，理想信念的不同将最终导致政党的“政治属性”的差异。“水能载舟，亦能覆舟”始终是中国共产党人牢记的古训。但不可否认，我们党这个庞大的集体中，有些党员在面对巨大的诱惑时，动摇了理想信念。理想信念是精神之钙，精神上缺钙，导致了“软骨病”。中央反腐纪录片《永远在路上》中，一个个落马的高官，在谈到自己犯下的罪行时，无不提到“理想信念的动摇，最终导致自己一失足成千古恨”。事实警示我们，只有坚定理想信念，补足精神之钙，才能强身健体，不断增强政治定力，守护好共产党人的政治灵魂。

理想信念是保持党的团结统一的思想基础。近代以来，随着民主、自由等政治理念的广泛传播，以不同理想信念为思想基础的政党如雨后春笋般破土而出，把共产主义作为理想信念的有志之士，在马克思主义真理的

---

①《邓小平文选》第3卷，北京：人民出版社1993年版，第110页。

召唤下，走到了一起，共同参与了开天辟地的大事变。共产党的成立，为千万劳苦大众带来了希望，“打破旧世界，创造一个真正的人民当家作主的新世界”成为近代饱经苦难的中国人民的指路明灯。中国人民在中国共产党的领导下，在理想信念的指引下，始终团结一心，推翻了“三座大山”，取得了革命、建设和改革开放的伟大胜利。在新的历史起点上，我们党面对新形势，仍应把理性信念作为党团结统一的思想基础，团结一致，攻坚克难。

二、优秀传统文化奠定了文化自信的强大底气，夯实了理想信念的根基

中国社会迈向现代化的过程是一个文化自觉与文化自信逐渐增强的过程。中国曾以优秀的历史文化传统和文明体系，构建了一个成熟的价值体系与制度体系，并借此支撑起一个以中华文明为核心的文明秩序和帝国体系。到了近代，当外来力量以不可阻挡之势冲毁不可一世的天朝大国体系之后，中华民族开始自觉地面对人类文明的发展，自觉地反思历史与现在、现实与未来，从而在现代化的过程中自觉地发展。

中国奇迹既离不开文化自觉更离不开文化自信。正如习近平总书记所讲“增强文化自觉和文化自信，是坚定道路自信、理论自信、制度自信的题中应有之义”。所谓文化自觉就是在肯定自身文化主体性地位的基础上，认识到文化在本民族与国家发展中的指引作用，自觉追求先进文化。文化自信是文化自觉的前提，是文化主体性的保障，文化不自信必然导致文化变异和文明断裂。中华文化绵延5000年，文化自信不可忽视，是更基本更持久的力量。在中华民族最危险的时候，无数仁人志士，在中国传统文化“天下兴亡，匹夫有责”“苟利国家生死以，岂因祸福避趋之”的召唤下，积极寻求救国真理。基于文化自觉，人民选择了中国共产党，选择了中国特色社会主义道路，选择了中国特色社会主义理论，选择了中国特色社会主义制度。正是通过文化自觉在历史上的作用，中国人民走上了通往幸福的康庄大道。

通过对历史逻辑的梳理，可以清楚地得出文化自信是理想信念的基础，而丰厚的传统文化底蕴是文化自信的强大底气的结论。基于文化自信和文化自觉，中国有识之士选择了马克思主义，树立了坚定的共产主义理想信念。中华民族在共产党的领导下，顺利推翻“三座大山”，取得了新民主主义革命的胜利，建立了独立自主的中华人民共和国，为中华民族的繁荣富强奠定了基础。在此过程中，文化自信也更加有底气，这源自优秀传统文化的底蕴和革命、建设、改革的伟大实践中孕育的革命文化和社会主义先进文化。这种在优秀传统文化基础上的继承和发展，夯实了我们文化建设的根基，奠定了我们文化自信的强大底气。

三、弘扬传统文化要避免“启蒙”与“神化”

十八大以来，以习近平同志为核心的党中央高度重视文化建设。但是在树立文化自信，弘扬传统文化的过程中，要避免两种错误心态即自卑和自大。这两种心态相比于普通大众，在知识界表现明显，甚至有极端化的倾向，而且人数还不少，这两种心态构成了我们今天树立文化自信的障碍。

以上两种心态可以用“启蒙”与“神化”两个词概括。所谓“启蒙”指的是一些人认为当下社会一切问题都源自传统文化，因此中国人今天仍需要启蒙。而“神化”心态却截然相反。他们对传统文化极度“热衷”，把传统文化作为“灵丹妙药”，认为现代社会是与传统文化割裂的，只要弘扬传统文化，所有问题就可以迎刃而解。总体上来讲，“启蒙”是对传统文化极度否定的一种心态，“神化”心态却截然相反。

现实中，这样的例子很多，如“去中国化”是“启蒙”的一个典型表现，习近平总书记在考察北京师范大学的时候，特别用了古代诗词在教材中被删除这样一个例子来强调目前“去中国化”的现象。教材删除古代诗词是当下一部分人对自己的文化不自信的一种表现。少部分人认为西方研究中国文化比我们更加专业和权威，甚至用他们的研究成果和研究价值作为标准，来评判中国的文化。面对这样的情况，我们应该着重反思，对传统文化我们更多的是不理解，还是传统文化的整体糟粕性是事实？这种问题明确摆出来以后，答案就跃然纸上，但是为何一到现实中，就会出现这样和那样的文化不自信的现象呢？这是需要我们着重思考的地方。

同样，面对传统文化时“神化”心态也有。最典型的表现就是“盲目复古”，认为一切当下的社会问题都是由于“传统不在”所造成的，例如老人碰瓷现象，路人冷漠对待遇难者等，都被一些人认为是传统文化缺失所造成的，需要大力加强传统文化建设，只要按照古人的行事方法和逻辑就能解决当下的种种社会问题。总之他们认为“传统文化能够解决一切问题”，是“灵丹妙药”。对于此种心态，理性讲，传统优秀的文化对于我们当今问题的解决，确实有一定的借鉴意义，但是不能过分夸大它的作用。我们在尊重传统文化的同时，也要借鉴西方经验，更要结合中国当下的文化实际、社会实际、经济实际。这样一种神化心态折射出一种对传统文化的浮躁心态，它追求一种“短平快”的东西，这种“短平快”的东西是今天弘扬中华优秀传统文化当中的一个重要的障碍，它可能使我们走偏。而在这样一种心理之下，我们可以看到一种不正常的现象——今天在弘扬中华优秀传统文化时出现了很多“神棍”，这些“神棍”去迎合这样一种“短平快”的心理，借弘扬中华优秀传统文化之名敛财，进行一些不正当的行为。这些都是对传统文化了解片面，对当下中国不够了解所导致的。

总之，党的十八届六中全会强调坚定理想信念是严肃党内政治生活，落实全面从严治党的重要内容，文化自信是坚定理想信念的重要根基。中华民族在现代化的进程中，基于文化自信与文化自觉，选择了中国共产党，选择了马克思主义。中国共产党人在共产主义理想信念的驱使下“翻千山，越万水”，实现了中国革命、建设和改革的伟大胜利。在新的历史形势下，传统文化是文化自信的重要载体，而文化自信是坚定理想信念的重要方面。我们仍应弘扬传统文化，提升文化自信，强调理想信念根基，但应防止对传统文化极度否定和极度自信两种错误心态。

[本文完稿于2017年11月]

关于“中国梦”的认识

◎何冬冬* 何源章

一、“中国梦”的提出

2012年11月29日，习近平在参观《复兴之路》展览时，第一次阐释了“中国梦”的概念：“大家都在讨论‘中国梦’，我以为，实现中华民族伟大复兴，就是中华民族近代以来最伟大的梦想。”[①]2013年3月17日，习近平在第十二届全国人民代表大会第一次会议上的讲话中九次讲到“中国梦”，并对“中国梦”的内涵作了更为明晰的解读。“中国梦”就是要“实现全面建成小康社会、建成富强民主文明和谐的社会主义现代化国家的奋斗目标，实现中华民族伟大复兴”，就是要“实现国家富强、民族振兴、人民幸福”。同时，对实现“中国梦”的路径作了明确阐述：“实现中国梦必须走中国道路”，“实现中国梦必须弘扬中国精神”，“实现中国梦必须凝聚中国力量”，“中国梦归根到底是人民的梦，必须紧紧依靠人民来实现，必须不断为人民造福”。[②]

“中国梦”归根到底是13亿中国人民的梦，是社会主义的强国富民的梦。今天之所以能够提出“中国梦”，也是一种自信和实力的表现，它奏响了中华民族伟大复兴征程上新的进军号角。在中国改革的35年进程中，

---

* 何冬冬(1990—)，男，安徽省肥东县人，巢湖学院艺术学院辅导员，思想政治理论课教师。

①《习近平总书记深情阐述“中国梦”》，《人民日报》2012年11月30日，第1版。

② 习近平：《在第十二届全国人民代表大会第一次会议上的讲话》，《人民日报》2013年3月18日，第1版。

“中国梦”正一步步由蓝图理想变为现实。可以说，“中国梦”就是马克思主义在当代中国的应用。因此，我们必须大力宣扬“中国梦”。

二、深刻认识“中国梦”的现实意义

实现中华民族伟大复兴是无数仁人志士追求的梦想，而“中国梦”正是承接了中华民族伟大复兴的历史主题。“中国梦”是建立在建党一百年和建国一百年的现实目标基础之上的，是我国人民对于国家、民族以及个人未来前景的美好畅想。“中国梦”依赖于脚踏实地去干，走中国道路、弘扬中国精神、凝聚中国人民的力量来实现。对于邓小平所设计的“三步走”战略目标，我们在改革中迈过了温饱，步入了小康，正在为全面建成小康社会而努力，为建国一百年实现社会主义现代化而奋斗。实现“中国梦”走的是和平发展之路，合作双赢之路，积极参与全球治理之路，也是积极努力推动建设公正、民主、和谐的世界秩序之路。“中国梦”对于不同文明和不同价值观持着相互交融和相互包容的理念，维护和尊重人类文明的多样性，也是中国人想为世界为人类作出更大贡献而执着追求的梦想。“中国梦”是世界美好梦想的一部分，是与世界和平发展紧紧相联系的。“中国梦”的实现，不仅造福中国人民，而且造福世界各国人民。

“中国梦”的提出恰逢其时。随着国力的增长，中国已经是世界第二大经济体，这时用“中国梦”作为国人努力奋斗的目标，便于与人民大众达成共识，与世界人民达成共识。

“中国梦”是当今中国的一面旗帜。它是实现中华民族伟大复兴的精神力量；是指引中国开辟未来的旗帜，丰富发展了马克思主义；是马克思主义中国化大众化时代化最新最通俗最为贴切的表述，是当代中国的马克思主义；是马克思、恩格斯在《共产党宣言》中对未来社会的设想结合中国国情的现实表述。

三、宣传“中国梦”的路径和方式

第一，把“中国梦”的宣传教育纳入各级党委（党组）中心组学习计划中，同时请专家学者讲授与解读“中国梦”，并汇编学习材料推动学习热潮。

首先，掀起学习与研究“中国梦”的热潮。结合十八届三中全会精神学习“中国梦”，党政干部教职工带头学习，正确理解“中国梦”的内涵、作用及意义。

其次，在党政干部教职工中开展“中国梦”的研讨和论文大赛的评选活动。

最后，在高校实施“三进”工程。政治理论课教师在备课讲课时，把“中国梦”写进教案讲义（之后进教材）之中，接着进课堂，再进学生的头脑之中。

第二，发挥高校教师、关工委的作用，大力宣讲“中国梦”。同时发挥学团组织基层党组织的作用，在大学生中成立宣讲团宣传“中国梦”。

首先，发挥离退休教师、关工委的作用，成立宣讲团，向大学生宣讲“中国梦”。

其次，学生会、研究生会、班委会在关工委老师指导下，在各年级各班级中开展“中国梦”知识大赛活动，初步把握“中国梦”的基础知识。

再次，大学生成立宣讲团，自主学习，自主教育，宣讲团成员对专题进行备课与宣讲教育，提升同学对“中国梦”的把握。

最后，把“中国梦”与大学生个人职业规划紧密结合，进一步深刻宣讲“中国梦”。

第三，发挥网络、广播台与宣传栏的作用，广泛宣传报道解读“中国梦”。

通过历史事实和图片宣传“中国梦”，加深人们对“中国梦”的印象、认识和理解。通过中华5000年的文明史和近代中国的屈辱史以及改革35年成就史宣传“中国梦”。加强“中国梦”的宣传，营造氛围，在高校以及全社会凝聚成共筑梦想的强大合力。

第四，发挥学报以及大学生自主创办的习作平台的作用，开辟“中国梦”专栏，积极宣传报道解答与“中国梦”有关的问题。

总之，我们必须牢记：“中国梦归根到底是人民的梦”，“生活在我们伟大祖国和伟大时代的中国人民，共同享有人生出彩的机会，共同享有梦想成真的机会，共同享有同祖国和时代一起成长与进步的机会”。[①]“中国梦”是我们实现中华民族伟大复兴的主题，是我们实现社会主义现代化的精神动力，也是全国各族人民以及海内外中华儿女的共同期盼，更是指引我们不断攻坚克难奋进前行的伟大旗帜。

[本文完稿于2013年11月]

① 全国人民代表大会常务委员会办公厅编：《中华人民共和国第十二届全国人民代表大会第一次会议文件汇编》，北京：人民出版社2013年版，第3页。

非物质文化遗产适度产业化开发思考

◎丁梦云* 何源章

“非物质文化遗产”是一个较新的术语，是相对于“物质文化遗产”而言的，它们是一组相对称的术语，同属于“文化遗产”。国内外学界对其有不同的界定，但是，有一点是可以达成共识的，就是它在人类历史长河中发挥过积极作用。非物质文化遗产是人类优秀传统文化的重要组成部分，保护和传承非物质文化遗产对于文化的可持续发展具有重要作用。但是，仅仅靠国家或个人的投资保护是不够的，是不能持久的，借鉴国外非物质文化遗产管理经验，对非物质文化遗产实施适度产业化开发，对非物质文化遗产的保护、传承无疑有着巨大的现实意义。

一、非物质文化遗产的含义

（一）国际社会对非物质文化遗产概念的界定

20世纪80年代，“非物质遗产”概念才出现，1982年联合国教科文组织内部设立了一个叫作“非物质遗产”的管理部门。在这之前，日本在1950年颁布的《文化财保护法》中第一次提出“无形文化财（产）”的概念并与“有形文化财（产）”相对应。“无形文化财（产）”被学界认为是“非物质文化遗产”概念的雏形，在内涵和外延上与“非物质文化遗

* 丁梦云（1988—），女，安徽省肥东县人，中共肥东县委党史和地方志研究室征编科副科长。

产”概念基本相同，二者甚至可以相互替换使用。20世纪70年代后，日本进驻联合国教科文组织，“无形文化财产”的概念渐渐影响整个国际社会。在英语中“非物质文化遗产”经历了这样的术语演变：“Nonphysical Heritage”（非物质遗产）—“Oral and Intangible Heritage”（口头与无形遗产）—“the Intangible Cultural Heritage”（无形文化遗产）。而中文里也先后使用了“非物质遗产”—“无形文化遗产”—“口头与非物质遗产”—“口述与无形遗产”—“口头和非物质遗产”—“非物质文化遗产”等表述方式。国务院等官方文件中，也与联合国教科文组织《保护非物质文化遗产公约》中文文本保持一致，统一使用“非物质文化遗产”的概念。①目前来看，“非物质文化遗产”的中文术语和概念已经定型。1997年联合国教科文组织第29届会议通过《宣布人类口头和非物质遗产代表作申报书编写指南》，界定了“人类口头和非物质遗产”的含义。1999年国际古迹遗址理事会在《国际文化旅游宪章（重要文化古迹遗址旅游管理原则和指南）》中指出，文化遗产经常表现为无形的或有形的文化遗产。但是，国际上公认的“非物质文化遗产”的概念是在2003年联合国教科文组织《保护非物质文化遗产公约》中被确定的：“指各群体、团体、有时为个人视为其文化遗产的各种实践、表演、表现形式、知识和技能及其有关的工具、实物、工艺品和文化场所。”同时《保护非物质文化遗产公约》根据这一定义，指出“非物质文化遗产”包括以下五个方面的内容：①口头传说和表述，包括作为非物质文化遗产媒介的语言；②表演艺术；③社会风俗、礼仪、节庆；④有关自然界和宇宙的知识和实践；⑤传统的手工艺术技能。

（二）我国对非物质文化遗产概念的界定

2005年3月，国务院办公厅公布的《关于加强我国非物质文化遗产保护工作的意见》的附件1《国家级非物质文化遗产代表作申报评定暂行办法》中对“非物质文化遗产”的界定为：“各族人民世代相传的，与群众生活密切相关的各种传统文化表现形式（如民俗活动、表演艺术、传统知

① 参见王文章：《非物质文化遗产概论》，北京：教育科学出版社2013年版，第7页。

识和技能，以及与之相关的器具、实物、手工艺制品）和文化空间。”[①]国务院办公厅《关于加强我国非物质文化遗产保护工作的意见》指出，非物质文化遗产的范围有6项：口头传统，包括作为文化载体的语言；传统表演艺术（含民间音乐、舞蹈、戏曲、曲艺、杂技等）；民俗活动、礼仪、节庆；有关自然界和宇宙的民间传统知识和实践；传统手工艺技能；与上述表现形式相关的文化空间。比联合国教科文组织的公约多了最后一项，这表明我国对非物质文化遗产认识的进步。由于我国进行非物质文化遗产保护也是21世纪以来的事情，所以，对“非物质文化遗产”的认识还有待进一步加深和完善。学术界也为此不断作出努力，如《非物质文化遗产概论》中对非物质文化遗产作出如下界定：所谓非物质文化遗产，就是指人类在历史上创造，并以活态形式传承至今的，具有重要历史价值、艺术价值、文化价值、科学价值与社会价值，足以代表一方文化，并为当地社会所认可的，具有普适价值的知识类、技术类与技能类传统文化事项。书中从五个方面对非物质文化遗产作出明确的限定：从传承主体看，非物质文化遗产必须以杰出传承人为依托，没有杰出传承人者不能认定为非物质文化遗产；从传承形态看，非物质文化遗产必须以活态传承为特征，非活态传承者不能认定为非物质文化遗产；从传承时限看，非物质文化遗产必须具有悠久历史，时间不足百年者不能认定为非物质文化遗产；从表现形态看，非物质文化遗产应该能够附会于某一具体表现形式，无法附会者不能认定为非物质文化遗产；从品质上看，非物质文化遗产必须是一种重要的民族文化遗产，没有重要价值者不能认定为非物质文化遗产。随着政府对非物质文化遗产的重视、学界对非物质文化遗产的研究热以及各种保护和利用非物质文化遗产活动的开展等，“非物质文化遗产”这一概念逐渐丰富和完善。

① 国务院办公厅:《关于加强我国非物质文化遗产保护工作的意见》附件1《国家级非物质文化遗产代表作申报评定暂行办法》(国办发〔2005〕18号)。

二、非物质文化遗产适度产业化开发问题

非物质文化遗产承载着中华民族的文化渊源，在历史长河的激流冲刷中不断积淀、演变，充满强大的生命力，闪耀着光芒并传承至今。早期对非物质文化遗产进行市场化运营的方式主要是“商业化运营”，随着市场经济的不断发展逐渐产生“产业化开发”这一新的市场运作手段。

（一）非物质文化遗产商业化经营

非物质文化遗产商业化经营是指将某种非物质文化遗产成品作为商品而进行的商品化营销。此处的“某种非物质文化遗产”也必然是经营性非物质文化遗产，若是公益性非物质文化遗产，对其商业化经营定会损害公众利益，损害整个非物质文化遗产链条的完整性，不利于非物质文化遗产的长远保护。商业化经营的对象不是完整的非物质文化遗产，而是其中的“终端部分”——“成品”，对其进行商品化营销，一般情况下是不会对非物质文化遗产的保护造成不利的影响，但是，某些已经濒临消亡或者已经消失的非物质文化遗产的成品就是历史的遗物，政府、社会和个人都必须加以积极的及时保护，不能让其随意地在市场上流通，以免对非物质文化遗产成品造成损失，破坏非物质文化遗产的完整性。我们有义务保护非物质文化遗产的文物，若是后代子孙连从器物上来瞻仰非物质文化遗产的机会都不可得，那便是莫大的悲哀。现实生活中有很多非物质文化遗产商业化经营的例子，如市场上的各类瓷器买卖、笔墨纸砚买卖等。总之，非物质文化遗产商业化经营的对象是非物质文化遗产的成品，属于非物质文化遗产的“外形”范畴。

（二）非物质文化遗产适度产业化开发

非物质文化遗产作为准公共产品，介于私人产品与纯公共产品之间，供给方式是多元的，从产业化角度可以将其分为公益性非物质文化遗产与经营性非物质文化遗产。公益性非物质文化遗产，基本上是由政府投入资

金，主要是通过收集、整理、研究等以文物保存的方式进行保护。经营性非物质文化遗产主要包括民间文学、民间音乐、民间美术、传统手工艺、传统戏剧等，可以进行产业化运作，对这一类非物质文化遗产应当实行开发式保护，把过去私相授受、零散学习民间技艺的形式，变成一个完全按照市场规律运作的经济形式，以达到规模得当、规格统一、资源整合、利润可观的水平。[①]非物质文化遗产产业化开发就是指将某种非物质文化遗产作为一个项目，以市场为导向，以效益为中心，通过现代化技术或企业化管理模式，对非物质文化遗产实施规模化生产或整体性开发与利用。值得一提的是，这里的“某种非物质文化遗产”必须是经营性非物质文化遗产，而且是从整体上对非物质文化遗产进行布局和开发，开发的对象是非物质文化遗产的“内在”——非物质文化遗产的技艺之魂。“非物质文化遗产适度产业化”是在“非物质文化遗产产业化开发”基础上提出的新概念，即在产业化的过程中，充分挖掘现有的非物质文化遗产资源，在保护和不破坏现有资源的前提下，获取最佳经济效益。“适度产业化开发”要重点把握好非物质文化遗产产业化的内容、规模以及扩张速度等，在保护和开发之间达到利益平衡。

（三）非物质文化遗产产业化开发与商业化经营的关系

非物质文化遗产产业化开发与商业化经营之间有着历史存续的关系，同时，两者在现实生活中容易被混淆，故在此对两者进行比较。

第一，两者的共同点。无论是非物质文化遗产的产业化开发还是非物质文化遗产的商业化经营都是以市场为导向，以谋求经济效益为目的，以非物质文化遗产为根本立足点的经济行为。非物质文化遗产产业化开发必须以市场为导向，坚持“保护为主，合理利用”的基本原则，在保护和传承非物质文化遗产的基础上，遵循非物质文化遗产的自身发展规律，开辟出一条依托非物质文化遗产的优势资源的产业发展之路。非物质文化遗产商业化经营虽然主要涉及的是非物质文化遗产有形产品的交易买卖，但是

---

① 参见王松华，廖嵘：《产业化视角下的非物质文化遗产保护》，《同济大学学报》（社会科学版）2008年第1期，第107—112页。

只要存在买和卖，就必然要以市场为导向，而这种买卖行为就是为了谋求一定的经济效益。虽然这种买卖的对象是一些非物质文化遗产的成品，但也必须以非物质文化遗产为根本立足点，成品作为非物质文化遗产的“形”，虽脱离非物质文化遗产本体，却流淌着非物质文化遗产的血液，这便是其能够作为商品流通的文化价值和经济价值所在。

第二，两者的不同点。首先，两者的侧重点不同。非物质文化遗产产业化开发侧亘的是将非物质文化遗产作为一个整体产业或者作为文化产业或其他产业的重要资源进行开发，采用整体布局的方式对非物质文化遗产由内而外地进行开发。而非物质文化遗产商业化经营是对非物质文化遗产的终端产品进行买卖，侧重点只在非物质文化遗产的外在形态上，并没有延伸至非物质文化遗产的源头和内核。其次，从发展规模上看，非物质文化遗产产业化开发的规模要比商业化经营的大，产业化开发对非物质文化遗产的作用程度明显地高于商业化经营的作用程度。最后，两者的影响力不同。产业化开发将从整体上对非物质文化遗产本身产生较大的影响力，小到非物质文化遗产的传承技艺培养和创新、传承和开发方法、成品的展现形式和营销形式等，大到整个文化产业以及相关产业的发展等都会有较为全面的辐射式影响。而商业化经营只是营销非物质文化遗产成品，主要是影响非物质文化遗产实体部分的流通过程以及非物质文化遗产成品的供给生产和销售等方面，并不会对非物质文化遗产技艺层面有太大的影响。

三、非物质文化遗产适度产业化开发应遵循的基本规律

发展中国特色社会主义文化，壮大我国的文化产业离不开对非物质文化遗产的适度产业化开发。然而，当前我国的非物质文化遗产产业化开发还没有真正地步入正轨，各种乱开发现象甚至破坏非物质文化遗产现象频发，这不仅不利于非物质文化遗产自身的可持续发展，也不利于文化产业的合理布局，影响社会资源的优化配置。非物质文化遗产产业化开发亟待理性化、规范化、科学化、制度化。基于这样一种现状，笔者认为有必要探讨非物质文化遗产适度产业化开发应坚持的一些基本规律。

（一）非物质文化遗产适度产业化开发必须遵循非物质文化遗产的内在发展规律

非物质文化遗产进行适度产业化开发首先必须遵循非物质文化遗产的内在发展规律，要在保护非物质文化遗产的基础上进行合理开发，从而保证非物质文化遗产的可持续的良性发展。

首先，非物质文化遗产适度产业化开发必须坚持原真性原则。非物质文化遗产是一定时代、文化、环境的产物，体现特定民族、国家或地域内人们的独特创造力，具有唯一性和不可再生性。所以，非物质文化遗产进行产业化开发必须坚持原真性原则，保留非物质文化遗产的精髓和血脉，为人们展现原汁原味的非物质文化遗产。非物质文化遗产本身就是由于其内在的独特性而被评定为“非物质文化遗产”，所以，保持其原真性才能保留其精髓。

其次，非物质文化遗产适度产业化开发必须坚持以人为本原则。非物质文化遗产是以传承人为载体的活态文化。在成品形成之前，它通常只是作为一种知识、技艺或是技能存在于非物质文化遗产持有者的头脑中。“只有这些匠人、艺人或是普通百姓在以不同方式将它们复述、表演或是制作出来时，人们才会感受到它的存在。”[①]所以，对其进行产业化开发必须坚持以人为本原则，如此才能保证非物质文化遗产被完整地真正地表现出来。同时，由于大部分情况下非物质文化遗产的传承人数量很少，而且年龄偏大，所以，应该加大资金投入力度进行非物质文化遗产的继承人培养，解决人力资源问题，这样才能从根本上解决非物质文化遗产的不可再生性难题，才能保证非物质文化遗产产业链的正常运作。

再次，非物质文化遗产产业化开发必须坚持流变性原则。非物质文化遗产的传播是一种活态流变，是继承与变异、一致与差异的辩证结合。非物质文化遗产的流变性表现在师徒传授学习过程中或者是自发地相互交流学习过程中，其能够被共享，才有产业化的可能。同时，非物质文化遗产产业化必须坚持流变性原则，这样才能保证非物质文化遗产的特色，应与

---

① 苑利，顾军：《非物质文化遗产保护的十项基本原则》，《学习与实践》2006年第11期，第120页。

当地的历史、文化、民族特色等相互融合，在继承的基础上发展出别具风格的非物质文化遗产。搞产业化就不能千篇一律，不然就会丧失非物质文化遗产的独特性，也就失去了非物质文化遗产的最大魅力。当然，坚持流变性不是说可以随意改变，必须保证非物质文化遗产的精髓不变，这是充分发挥创造性的文化再生产过程。

最后，非物质文化遗产产业化要认真贯彻国务院关于非物质文化遗产保护工作的指导方针："保护为主、抢救第一、合理利用、传承发展。"只有在实际工作中坚持可持续性原则，才能保证非物质文化遗产产业化开发有活水之源。时代的进步正在瓦解非物质文化遗产赖以生存的土壤，经济全球化和文化全球化对非物质文化遗产传承和发展的冲击，民间技艺的失传以及非物质文化遗产伴随传承人的去世而消失，这一切都使得非物质文化遗产更加珍贵。非物质文化遗产产业化开发坚持可持续性原则主要从以下三方面入手：一是要运用各种有效手段进行抢救、保护非物质文化遗产的典型器物，如数字化技术收录等；二是要采用各种激励措施去搞活非物质文化遗产的传承和继承，例如基金、教育和学术交流等；三是要创新地继承与发展非物质文化遗产的传承技艺。

（二）非物质文化遗产产业化开发应该符合社会主义市场经济的内在发展规律

非物质文化遗产产业化开发就是走进市场，走市场路线就应该符合社会主义市场经济的内在发展规律，这样才能使非物质文化遗产资源得到有效配置，才能真正地将非物质文化遗产转化为正向的经济效益。

首先，非物质文化遗产产业化开发应该坚持创新性，这是发展社会主义市场经济的必然要求。创新性使得非物质文化遗产产业化抓住经济脉搏跳动的节奏，紧跟时代潮流，这样的产业化才能在涌动的市场大潮中虽立于风口浪尖却依然不倒。而社会主义市场要求的创新性特点也与非物质文化遗产自身规律中的流变性原则不谋而合，所以非物质文化遗产坚持创新性不仅仅是为了符合社会主义市场经济发展的趋向，也可以带动非物质文化遗产的研发。如果说流变性原则要求产学结合，那么，创新性特点要求的便是产研结合，进而满足市场的需求。

其次，非物质文化遗产产业化开发应该坚持适用性特点，这是适应市场需求的必然选择。非物质文化遗产产业化就是要把非物质文化遗产推向市场，这必然存在着一种文化生产或者文化再加工的过程，目的就是让其被人们接受并实现被消费。如果非物质文化遗产产业化不能满足适用性特点，那么，再美的非物质文化遗产也只能是孤芳自赏，难以与群众近距离接触，也只能束之高阁或被供奉瞻仰，更别谈产业化这样的宏图。非物质文化遗产本身就是来自群众的智慧，要坚持适用性走群众路线绝对是可能的也是必要的，只是非物质文化遗产本身的可塑性到底能不能达到，成熟度够不够，需要多少人力、物力、财力、时间等，值不值得进行产业化需要谨慎对待。一定要根据非物质文化遗产本身的特性进行开发，而不是一味地要求必须坚持适用性。

最后，非物质文化遗产产业化开发应该坚持效益性特点。非物质文化遗产产业化开发的最终目的就是将文化生产力转化为经济效益，如果不能带来经济效益就没有产业化开发的必要性。坚持效益性不仅仅是为了保护开发商的利益，也是对整个社会主义市场经济的保护，没有经济效益的开发是一种不负责任的浪费资源的行为，可能拖累市场经济的整体水平也会妨碍资源的合理优化配置。非物质文化遗产进行产业化开发涉及方方面面，如人力、物力、财力、精力等。非物质文化遗产的确具有经济价值，但是得看其经济价值是否达到了可产业化的程度，这些都得事先经过仔细的调查、预算和研究等，不能盲目地投资。非物质文化遗产产业化开发本身是一种文化行为和商业行为相结合的双重行为，坚持效益性时要同时考虑其经济效益和文化效益，这是一种对非物质文化遗产尊重和对产业化开发负责的态度。非物质文化遗产产业化开发应将谋求经济效益和文化效益双丰收作为目标，这样才能走得稳健长远。

（三）非物质文化遗产产业化开发应该顺应产业结构调整的内在发展要求

非物质文化遗产产业化开发不仅关系到文化产业的发展，也关系到产业结构调整的整体布局，所以，对其开发应该顺应产业结构调整的内在发展要求。

首先，非物质文化遗产产业化开发应该推动文化产业的全新飞跃。非物质文化遗产产业化开发作为发展文化产业的一个创新之举，就应以推动文化产业的全新飞跃为己任。目前，我国在世界文化物品与服务的流通和交换中仍处在相对被动的状态，一方面是大量的西方文化产品销往国内，另一方面是大量的文化资源流往国外。要改变这种被动的局面唯有大力发展文化产业。中国文化产业相对于西方来说起步较晚，但拥有非常丰富的文化资源，尤其是种类繁多的非物质文化遗产资源，如能加以合理利用开发，恰好可以为文化产业的发展注入新的活力，推动文化产业的全面发展，同时为非物质文化遗产自身谋得出路。非物质文化遗产的独特性有利于打造特色文化产业链，以真正的历史底蕴、审美魅力、文化特色塑造出丰富多彩的高质量的文化产品，提升文化产品的整体质量，尤其是要集中力量培育优势非物质文化遗产资源并加以品牌化运营、宣传和推广，从而使其成为文化产业的一个重要支柱。

其次，非物质文化遗产产业化开发应该带动其他产业的共同进步。非物质文化遗产产业化开发不仅应以推动文化产业的全新飞跃为己任，也应树立带动其他产业共同进步的长远目标。虽然非物质文化遗产产业化开发是发展文化产业的一个重要形式，但是不应拘泥于文化产业的发展诉求，应从大局着想，考虑其他产业的共同进步，可以结合文化产业的发展特色和其他产业的发展需求来制定发展方向，从而扩大产业化的积极影响。例如民间舞蹈、杂技与竞技、传统医药类目与健康产业等相结合，民间文学、民间音乐、民间艺术、民俗等与旅游业等相融合，还有传统手工技艺类与工业等的结合，这些非物质文化遗产的产业化开发不仅可以促进非物质文化遗产自身的传播、研发和生产，而且也为其他产业增添更多的动力，带动相关产业共同发展。在与其他产业相结合开发时一定要注意保证非物质文化遗产本身的精髓不被破坏并且真正得到合理运用，而不是被当作噱头。由于与其他产业相结合的开发较容易产生非物质文化遗产以及其衍生品的产权和专利纠纷问题，所以应加以注意并制定合情、合理、合法的解决方案。

最后，非物质文化遗产产业化开发应该促进产业结构的优化升级。非物质文化遗产产业化开发作为发展文化产业的重要形式，在整个产业结构调整中发挥重要作用，要积极促进产业结构的优化升级，努力加快第三产业的发展步伐。目前中国的产业结构还不够科学，第一产业和第二产业占较大比重，第三产业发展不足，非物质文化遗产产业化要抓住当前产业结构调整的重要战略时期，充分发挥文化力的强大作用，不仅要力推第三产业的蓬勃发展，而且要提升第一产业和第二产业的文化内涵和科学水平，从整体上使产业结构得到优化升级。非物质文化遗产产业化要按照我国产业结构调整任务部署，积极发展高文化附加值的制造业、富有文化情调的服务业，同时在真正挖掘非物质文化遗产本身的各项技艺后提炼出其精髓并加以创新，使非物质文化遗产的文化价值和科学价值得以提升，使产业结构优化升级。非物质文化遗产产业化应该努力平衡文化产业和其他产业的发展，走资金密集型产业和技术知识密集型产业道路，不能走简单的劳动密集型产业老路，要响应发展低碳经济的要求，转变经济增长方式，走低能耗无污染的可持续发展道路。

非物质文化遗产产业化在国内学术界一直是个相当有争议的话题，在此不作争辩。非物质文化遗产能否产业化国内学术界主要有三种观点：一是反对观点，代表人物乌丙安、刘魁立等；二是赞成观点，代表人物刘金祥等；三是折中观点，代表人物吴露生等。其实，非物质文化遗产产业化，必须遵循非物质文化遗产适度产业化的基本规律，目前学术界鲜有人总结。非物质文化遗产本身蕴含的丰富价值以及非物质文化遗产的现状等都为非物质文化遗产产业化提供了先决条件，非物质文化遗产产业化开发无论处于预备期、前期、中期还是后期，都应在科学发展观的指导下遵循非物质文化遗产适度产业化的基本规律，如此才能将非物质文化遗产发扬光大，使产业化真正有意义。规范化、合理化、科学化、制度化的非物质文化遗产产业化开发一定可以将宝贵的文化资源合理配置，有效地传承和发展非物质文化遗产，让更多的人参与非物质文化遗产保护、传承和发展，促进文化产业和其他相关产业的进步，提升第三产业比重并优化升级产业结构。当前，非物质文化遗产产业化要坚持学习贯彻全国宣传思想工作会议精神，按照习近平总书记的指示继续推进文化体制改革，推动文化事业全面繁荣和文化产业快速发展，建设社会主义文化强国。总之，非物质文化遗产产业化一定要遵循其内在的基本规律，从长远利益和整体利益出发，为非物质文化遗产自身谋发展，为经济增长作贡献，坚持走可持续发展之路，构筑文化强国之梦。

四、非物质文化遗产适度产业化开发的意义

在我国大力推行社会主义文化强国战略的背景下，非物质文化遗产适度产业化开发是十分必要的，在社会主义现代化进程中发挥着积极意义。

（一）有利于带动地方经济发展

一般来说，非物质文化遗产都有其发源地或者所依附的文化空间，所以，对非物质文化遗产进行适度产业化开发将有利于带动地区经济发展。非物质文化遗产本身蕴含的丰富价值可以通过适度产业化开发转化为经济价值，从而带来经济效益。例如，非物质文化遗产作为一种独特的旅游资源，可以直接为地方带来旅游收入，而旅游产业衍生出的手工艺制造业、餐饮业、表演业等都将为地方经济发展注入活力，同时，非物质文化遗产的一系列产业化开发不但可以创新地发展非物质文化遗产，也可以大大解决当地劳动力的就业问题，增加当地人民收入。很多非物质文化遗产来自农村或者偏远地区，这些地区经济发展相对落后，缺乏经济增长点，而非物质文化遗产作为该地区的名片，对其进行产业化开发，有利于发展相关的文化产业经济，发挥“低投入高产出”的特点，将浓厚的文化资本通过产业化的方式转化为文化生产力，充分发挥文化力的作用，实现文化扶贫的目的，从而加速这些地区的经济发展。

（二）有利于提升我国的文化软实力

非物质文化遗产是印证一个民族存在的文化标识，是维系一个民族发

展的文化基因。[①]非物质文化遗产适度产业化开发将有利于提升我国的文化软实力，是推行文化强国战略的重要举措。文化产业是一个非常有前景的朝阳产业，符合“低碳节能可持续”的经济发展要求，其本身所蕴含的经济能量也是不容小觑，但是仍需要对其进行专业的适度的开发，从而从根本上增强我国的文化软实力和文化竞争力。目前，世界文化产业蓬勃发展，尤其是美国这样的西方文化大国，其文化产业所占国民经济收入的比重远远超过我国，而其文化产业中很多卖点和原型甚至来自我国的传统文化，例如动画电影《功夫熊猫》中的中国建筑、中式师徒关系和中国功夫等，这些中国文化元素造就了《功夫熊猫》的热映，当然也不得不承认美国更加先进的电影科技。作为中国人，我们必须反思为何中国自己的文化自己未能很好地运用，反倒被别人捷足先登呢？中国传统文化中独树一帜的非物质文化遗产非常有必要进行产业化开发，挖掘其中的文化内涵，强壮我国文化产业的筋骨，这样才能与世界其他文化强国一较高下，才能在世界文化强国之林中有一席之地。发展非物质文化遗产要有开阔的胸襟，只有以改革开放的理念作引导，中国的非物质文化遗产才能走出国门，走向世界。

（三）有利于实现非物质文化遗产的价值

非物质文化遗产自身所蕴含的价值往往需要通过开发才能被深度挖掘出来，而适度的产业化开发就是一种较好的形式。在“保护第一，合理利用”原则的指导下，为了满足现代人对传统文化的需求，我们会不断地深入探索非物质文化遗产的各种内在价值，有些过往不曾发现的价值也在产业化开发中被发现。例如，对一些具有民族文化特色、富含经济价值、市场前景大好的非物质文化遗产，进行品牌定位，培育出民族优势品牌文化也是大有可能的。适度产业化开发所带来的资金、人力和物力投入，加快了非物质文化遗产的文化价值转变为经济价值，同时也有益于其文化价值的传播。

---

① 参见刘金祥:《刍议非物质文化遗产产业化》,《江南大学学报》(人文社会科学版)2012年第5期,第87页。

适度的非物质文化遗产产业化开发将为非物质文化遗产自身、文化产业及其相关产业链甚至整个国家带来一系列裨益，但是也要谨防有人只考虑一时的经济利益，不惜扭曲“非物质文化遗产”本身的面目，从而加速“非物质文化遗产”的消亡，不利于整个文化产业的长远发展。非物质文化遗产产业化开发一定要摒弃浮躁心理，从长远眼光和整体利益出发，促进非物质文化遗产产业化开发合理有序健康地发展下去。对于那些不合理的“非物质文化遗产”产业化必须坚决抵制并取缔，努力维护非物质文化遗产产业化开发的秩序。

总之，非物质文化遗产适度产业化开发是一个实践性很强的大课题，也是一项亟待完善的理论工程。对其作进一步理论研究与宣传将会有利于我国非物质文化遗产的保护与传承，推进我国的文化体制改革，也将进一步推进与完善我国的文化强国战略，推动社会主义文化事业的繁荣和文化产业的快速发展，从而进一步推进真正富有竞争“软实力”社会主义文化强国建设。

[本文完稿于2018年5月]

第四篇

中国特色社会主义理论与教学改革探讨

“毛泽东思想和中国特色社会主义理论体系概论”导读课教学初探*

当前，不论是高等院校的专科生、本科生，还是研究生的公共政治理论课教学，都有一定的共性难度，这并不是说其理论学科的深浅难度问题。笔者从事多年的政治理论课教学，深深体会到要搞好这方面的教学，必须与学生进行沟通。首先，存在学生的“接受度”问题，即如何克服学生对于政治理论的“逆反心理”问题；其次，如何增强学生的“认知度”问题；再次，才是“征服”学生之后的“赞许度”问题。从教师角度来说，如何发挥自己的理论水平，获得理想的教学效果，其方法必须多样化。为此，笔者着重就“毛泽东思想和中国特色社会主义理论体系概论”学科的导读课教学谈谈自己的粗陋看法，以求达到抛砖引玉的效果。

“毛泽东思想和中国特色社会主义理论体系概论”课，是高校本专科的公共政治理论课。高等教育出版社出版的《毛泽东思想和中国特色社会主义理论体系概论》一书不失为一本好教材。其基本原理、定义、理论分析较为准确到位。但是，教材毕竟是教材，可供学生自学之用，代替不了教学。要使学生对“毛泽东思想和中国特色社会主义理论体系概论”学科产生浓厚的学习兴趣，教师必须认真备课，要有自己的独特教学方法，从而弥补理论枯燥的先天性之不足，使学生对于政治理论课有一个新颖认识。笔者认为采用案例材料教学法比较好，特别是在导读课之前的“开场

* 本文为安徽师范大学校级教学研究项目“邓小平理论概论”案例教学研究（XJJYB200608）的主要成果；也是安徽省教育厅教学课题“高校政治理论课教学过程中师生互动规律研究”（2005333）的阶段性理论成果。

白”，最好用实例解剖与回答现实问题，尤其是结合中外的实例材料，采取对比手法进行教学。

在政治理论课“开场白”的教学中，需重点讲清三大问题。首先，为什么要学习这门学科。其次，怎样学好这门学科。再次，学习这门学科究竟有何作用与收获。

在“为什么要学习‘毛泽东思想和中国特色社会主义理论体系概论’课”问题上，讲清楚教学目的是提高同学们的政治理论素养与水平和解决问题分析问题的能力。恩格斯讲过：“一个民族要想登上科学的高峰，究竟是不能离开理论思维的。”①从同学们未来就业角度来说，需要学习与了解中国的大政方针与政策；从现实角度来说，需要考一个好的成绩或拿到这门课的学分，这有利于考研与就业。另外，对青年人的政治理论、政治伦理的素养教育与灌输不是中国的特例，东西方任何国家、任何民族、任何政党都非常重视这一教育。再用事实案例材料来证实这一理论问题，提高学生对政治理论学科学习的“接受度”，淡化对政治理论的“逆反心理”。教师要站到学生的角度来思考问题，即换位思考，这样才能因势利导，获得理想的教育效果。

在“如何学习‘毛泽东思想和中国特色社会主义理论体系概论’课（或者说‘如何学好’这门课）”的问题上，重点是解决学习态度问题，其次是解决学习方法问题。首先，指出对于政治理论学习的“逆反心理”问题。政治理论课不是空洞的说教，是与实际紧密结合的帮助青年成长的一门学科。其次，结合自己的亲身感受，谈谈对政治理论学科的认识过程——由排斥到认可，再到被吸引，增强学生的“认知度”。在学习方法问题上，引导学生善于思考问题，对于现实的问题究竟如何理解。从身边的问题入手，从历史到现实，从中国到世界去理解问题分析问题，找出其共性问题，找到问题的答案。使学生认识到原来政治理论问题也是实实在在的，并非空洞的大道理。

在“学习‘毛泽东思想和中国特色社会主义理论体系概论’课的收获”问题上，究竟能够给同学们带来什么呢？提高政治理论修养，对于提

①《马克思恩格斯选集》第4卷，北京：人民出版社1995年版，第285页。

高一个人的素质至关重要。从社会来说，我们经常说是“三位一体”的社会，或者说是“四位一体”的社会，离不开政治、经济、文化、社会等。而对于每一个人来说也不例外，他也离不开社会的经济、政治、思想文化等一系列环境。不论我们未来干什么，从事任何行当与职业，都应该了解社会，了解他人，处理好人与人之间的关系，处理好个人与他人及社会之间的关系。从这门学科本身来说，其无疑进一步推动了“青年马克思主义建设工程”的建设。

撇开理论的说教，用事实的案例来说明与论述问题，进行详细的实证分析。例如运用“散户英雄杨百万炒股秘籍”一例，进一步论述学习政治理论的重要性。中国第一股民——杨怀定，人送外号“杨百万”，“散户工会小组长”，弄潮股海数十年，从1988年买卖国库券开始后，炒股便是他的职业和事业。杨百万在股市长时间多次保持不败纪录，曾经被业内称为“股市常青藤”，成为上海滩的风云人物。他总结十几年的股市经验，开发出一套软件。2001年，他在北京大学等地讲学，说成功的秘籍之一就是炒股要听党和政府的话，股市在中国，没有一个角落是党的阳光照不到的，党的阳光就是政策。

对于人们常有的偏见要作分析与批驳。比如有的人认为，只有中国特别强调德育。用国外的案例来论述与剖析这一问题，如“印总统呼吁加强青年德育”就是最有力的说明。

新加坡《海峡时报》2006年11月26日报道：近年来，印度报刊在显著位置刊登的关于印度年轻人做坏事的报道越来越多，这种趋势让父母和社会活动家忧心忡忡。

社会学家将这一问题归咎于消费至上主义所导致的道德沦丧。专家说，社会现实再加上学校道德教育的缺失，使得这一代年轻人梦想着一夜暴富，痴迷于像手机这样的小玩意儿。印度总统阿卜杜拉·卡拉姆在印度理工大学发表讲话时强调，通过教育让孩子树立道德观非常重要。他说：“如果孩子在学校没有受到价值观方面的教育，那么任何政府都无法建立透明或健全的社会。至少每周要上一个小时的德育课，要有出色的老师来教授这门课，从而提高年轻人的道德水准。”

日本和美国的“道德教育”，对我国德育工作也有一定的启示。日本曾经根据《教育基本法》和《学校教育法》的基本精神，制定了《教学大纲》，规定了“德育教育”的具体目标。1963年6月，文部省提出了研讨“所期望的人”这一问题，经过多年的研究讨论，由中央教育审议会于1966年10月提出了《所期望的人》的咨询报告。报告阐明了理想的日本人的15项道德与伦理品质——作为个人：自由；发展个性；锐意振作；有坚强的意志力；有小心谨慎的意识；作为家庭一员：使家庭成为爱的场所；休息的场所；家庭气氛活跃；作为一个社会成员：尽忠职守；增进社会福利；富有创造性；尊重社会规范；作为一个国民：具有适当方式的爱国主义；爱护和尊重象征国家的标志；养成优良的民族特性。

另外，针对有的人认为“马克思主义过时了”这一现象，我们究竟应该如何科学看待马克思主义呢？可利用“西方民意测评：选出千年伟人——马克思”和“《共产党宣言》一书在西方的地位”以及“马克思缘何再受西方青睐”三个例子来说明马克思主义的现实意义。

1999年秋，西方著名的英国广播公司通过国际互联网进行民意测评，评选千年伟人，结果马克思名列第一。第二位是世界上最有影响力的科学家爱因斯坦。之后，世界性新闻权威机构英国的路透社邀请有关政界、商界、艺术与学术领域的相关的名人再次评选千年伟人，对39名候选者进行投票，马克思仍然当之无愧为“千年伟人”。①

《共产党宣言》一书，曾在英国的畅销书中名列第五位。另外，在美国最大连锁店出资创办的《图书》杂志评选出的“改变美国的20本书”中，由美国人著的占17本，而非美国人著的仅有3本，其中1本就是马克思与恩格斯合著的《共产党宣言》一书。法国《人道报》在报道1998年巴黎国际大会时提到：今年（1998年），从纽约到东京，从圣保罗到耶路撒冷，从新德里到伦敦，到处都奏起《共产党宣言》的乐章。“《宣言》对21世纪仍将发生重要影响”，“马克思主义没有死，马克思主义仍然活着”。

2008年12月10日，众多专家学者、青年学生和工会领袖会集在位于英国伦敦市中心克拉肯韦尔格林大街的“马克思纪念图书馆”，庆祝其创

① 参见靳辉明：《千年伟人马克思》，《真理的追求》2002年第1期，第4页。

立75周年。如此“热情对待马克思的场面”相当罕见，令媒体惊叹。舆论认为，在国际金融危机不断加深、实体经济危机初露端倪的情况下，西方“重新发现”马克思的激情耐人寻味，令人思绪万千。据悉，从2008年10月至2010年，英国各界对“伟大的思想家马克思”兴趣倍增，其《共产党宣言》《资本论》等名篇大作盛行一时。在德国，马克思家乡特里尔城的游客急剧增多，《马克思在伦敦》一书畅销英国，《泰晤士报》惊叹“马克思归来”。在德国，《资本论》骤然热销，出版商准备将其列入“圣诞节最佳礼单”。德国《汉堡晚报》惊呼，马克思的魅力真是无穷无尽，就连财政部部长施泰因布吕克也开始阅读《资本论》。在法国，马克思的追捧者中不乏名声显赫的大人物。据媒体报道，就连法国总统萨科齐也在手捧《资本论》，刻苦钻研。

马克思何以突然受到西方各界的关注和青睐？

首先，在全球金融危机继续恶化、经济危机已经露出苗头的情况下，马克思的“归来”反映出西方国家各界对资本主义体制的失望和怀疑情绪正在不断增添，同时也显示出人们渴望借助“马克思的头脑”来判断和思考现实生活中面临的困惑，寻求和发现可以摆脱困境的“行路指南”。其次，在西方国家民众的心目中，作为一个伟大的思想家，马克思从未失去“世纪伟人”的光环。2005年，在英国广播公司举办的“最伟大哲学家”评选活动中马克思再次夺冠。再次，马克思主义具有强大的生命力，其博大精深的现实意义正在被“再次发现”。西方越来越多的学者达成共识：“马克思主义是行为的指南”，马克思的思想体系仍然在世界政治生活和思想领域发挥着重大作用，马克思主义如今已成为人类精神文明发展的重要构件，是全人类的重大文化遗产。[①]

同时在教学中适当引用经典作家的原话：“不管最近二十五年来的情况发生了多大变化，这个《宣言》中所发挥的一般基本原理整个说来直到现在还是完全正确的。”“这些基本原理的实际运用，正如《宣言》中所说的，随时随地都要以当时的历史条件为转移。”[②]“创新就要不断解放思

① 参见汪嘉波：《马克思缘何再受西方青睐》，《光明日报》2008年12月15日，第8版。

②《马克思恩格斯选集》第1卷，北京：人民出版社1995年版，第238页。

想、实事求是、与时俱进。实践没有止境，创新也没有止境。我们要突破前人，后人也必然会突破我们。这是社会前进的必然规律。”[①]还可用中国新民主主义革命的胜利与中国社会主义改革的成就来证明把马克思主义中国化、大众化是符合马克思主义本义要求的，是对马克思主义的继承、丰富与发展。狭义的马克思主义就是由马克思恩格斯创立的关于无产阶级和全人类解放的学说，广义的马克思主义包括马克思主义后继者对马克思主义的一系列继承、丰富与发展的思想。

通过上述一系列实证分析，增强学生对于政治理论的“认同感”，从而提高其对政治课教学的“赞许度”。还可以结合案例中的有关思考讨论题进行讨论式教学，活跃课堂的学习气氛，充分调动学生的学习积极性，发挥学生的主体作用。

然后才涉及第一章“马克思主义中国化的历史进程和理论成果”所要讲述的具体问题：

第一，正确认识提出马克思主义中国化的重要意义；

第二，准确理解与把握马克思主义中国化的科学内涵；

第三，正确把握毛泽东思想与邓小平理论和“三个代表”重要思想各自形成发展的时代背景和实践基础；

第四，正确领会与把握毛泽东思想、邓小平理论和“三个代表”重要思想各自的科学体系、主要内容及其历史地位和指导意义；

第五，正确理解与掌握科学发展观的核心思想、基本要求和重大意义；

第六，正确理解与把握中国特色社会主义理论体系是马克思主义中国化的最新成果。

在讲解这一章时，我们应当注意正确理解马克思主义中国化各个理论成果之间既一脉相承又与时俱进的关系，同时认识到马克思主义中国化是一个历史过程，中国化的马克思主义是这个过程中的一系列理论成果。毛泽东思想、邓小平理论和“三个代表”重要思想之间既是一脉相承的，又是与时俱进的，是一个统一的科学思想体系。并且深刻认识到前者为后者

①《江泽民文选》第3卷，北京：人民出版社2006年版，第538页。

的形成与发展奠定了坚实的理论基础，后者是在继承前者基本原理基础上的进一步丰富与发展，它们是一种辩证统一关系，统一于中国革命、建设与改革的伟大社会实践之中，统一于中国特色社会主义理论体系之中，不断开拓着马克思主义在中国发展的新阶段和新境界。

最后结合本章的具体内容与案例材料进行一一分析与讲授。

[本文刊载于《菏泽学院学报》2010年第3期]

“邓小平理论概论”导读课教学初探

自从国家教委1999年确定在全国各高校正式开设“邓小平理论概论”课以来，已经陆续出版的各类版本教材，粗略统计已50余种。但是，就笔者所阅读的全国较具权威性的十来种教材来看，没有任何一种版本论及邓小平理论概论学科的研究对象问题。笔者认为有必要在该学科的教材中，增加这一内容，这将有助于人们更好地学习和理解邓小平理论。同时，这对于加强和完善该学科的建设也将有极大的理论意义和现实意义。

我们知道，“邓小平理论概论”课在本科和专科的公共课教学中，每周一般至少安排3个课时，该学科的总课时数约54个，导论一章约占3个课时。思想政治教育等政治专业，总课时数约72个，导论一章一般为4个课时。因此，从课时上说在导论中增加该学科的研究对象问题的内容也是可能的。其实，从常规来说，既然是一门学科，理所当然有其研究对象。而且只有交代清楚该学科的研究对象，才能真正把握好该课的实质内容。所以，在导论中增设研究对象问题不仅是可行的，而且是必要的。因为，导论反映了一本书的主旨思想及主要内容。

目前，较具影响的几种教材，其导论一章的内容安排大致如下。

譬如，教育部社会科学司组编，吴树青先生主编，辽宁教育出版社1998年7月出版的《邓小平理论概论（本科本）》导论部分主要从四个方面进行了阐述：第一，邓小平理论的形成和发展；第二，解放思想、实事求是是邓小平理论的精髓；第三，马克思主义在当代中国发展的新阶段；第四，当代大学生要努力学习邓小平理论。安徽省教委组编，陈贤忠、汪青松先生主编，高等教育出版社2000年8月出版的《邓小平理论概论》（第2版）的导论部分从“邓小平理论的科学含义与指导意义”“用邓小平理论武装当代大学生”“发扬理论联系实际的优良学风”三个方面进行了阐述。广东省社会科学院刘景泉先生著，中山大学出版社1997年12月出版的《邓小平理论概说》从“社会主义产生与发展的历史回顾”“当代中国的马克思主义”“邓小平理论的科学体系及其特点”三个方面进行了阐述。吉林省教委组编、徐毅鹏、程善田主编，高等教育出版社1998年7月出版的《邓小平理论概论》导论部分从“开设邓小平理论课的目的”“《邓小平理论概论》的逻辑结构和主要内容”“学习邓小平理论课的基本要求”三个方面进行了阐述。另外，还有奚广庆主编，中国人民大学出版社1998年7月出版的《邓小平理论概论》从“风格独特的邓小平理论”“学习邓小平理论的意义和方法”等七个方面进行论述。

虽然所列版本有限，不过是以蠡测海，但是这些教材具有一定的权威性和代表性。第一种版本出版较早，内容安排也较为合理，是质量较好的邓小平理论教科书。但是也没有提及研究对象问题，其他也如此。这一版本把邓小平理论的精髓纳入导论之中，使邓小平理论“精髓”的地位不够突出。在这一问题上，笔者认为钱淦荣、袁贵仁、田克勤、吴雄丞等人各自主编的版本值得借鉴，他们在导论之后第一章专门论述邓小平理论的精髓。这突出了邓小平理论中解放思想、实事求是的理论基石作用，也更好地体现了邓小平本人的一贯求实精神。刘景泉先生把邓小平理论的科学体系及其特点纳入导论之中，其他有些版本也如此，这有其科学性，也是值得借鉴的。不过，其不足之处在于没有涉及邓小平理论学科的研究对象问题。依笔者所见，导论一讲的主要内容应安排为：第一，邓小平理论的形成与发展；第二，邓小平理论概论学科的研究对象；第三，邓小平理论是马克思主义在中国发展的新阶段；第四，学习邓小平理论的目的、意义及方法。

导论一讲的重点是“邓小平理论是马克思主义在中国发展的新阶段”，难点是“邓小平理论概论学科的研究对象”。毫无疑问，要把握好本章的重点，首先必须理解导论中的难点问题，也就是该学科的研究对象问题。

至于邓小平理论的科学体系及其特点，可放入“邓小平理论的形成与发展”问题之中去讲解。首先，论述邓小平理论概念的提出；其次，讲述其概念的内涵；再次，论述理论的产生与发展过程，论述这一理论体系是如何逐步确立的；最后，论及理论的特点。

不过，在讲述邓小平理论的概念之前有必要交代一下一些人关于邓小平理论的模糊认识。有的认为，邓小平理论就是“一块石头，两只猫”；有的认为，邓小平理论就是“三论”，即“猫论”“摸论”“不争论”；等等。这仅仅反映出邓小平的有关或部分的思想观念，不是邓小平理论的全部。对此，必须讲清楚，所谓理论就是系统化了的理性认识，它在社会实践基础上产生并经过社会实践的检验和证明，它来源于实践，又服务于实践。共产党人的理论来源于人民群众，必然又服务于群众，任何脱离人民群众、脱离现实的理论必然是空想的、没有生命力的。邓小平理论是一种人民大众的理论，它简明、通俗易懂，言简意赅。以为一讲理论，就必然是长篇大论、大部头著作，既深奥又晦涩难懂，是对理论的误解。至于，有的把邓小平建设有中国特色社会主义理论理解为建设“有中国特色资本主义”理论，更是对中国改革的误解。在讲述邓小平理论的产生与发展过程时，不仅要强调在中国社会主义建设改革的实践中产生了一种伟大理论，而且它自成体系。所谓体系，是指某些意识观点互相联系而构成的一个整体。邓小平理论之所以自成体系，是因为它有着严密的逻辑性。邓小平理论是对马克思列宁主义、毛泽东思想的继承和发展，是对中国建设、改革实践经验的总结。它的出发点就是人民的需要，而满足人民需要的手段就是解放生产力和发展生产力，其归宿就是共同富裕，使人民需要的目的得以实现和满足。还比如，从检验我们党工作得失的标准来看，最早可追溯到“猫论”标准，后来又有真理标准、实践标准、生产力标准和三个有利于标准，这构成了标准理论的体系性。另外，从改革开放来说，先办特区搞试点，逐步推开。从沿海、沿江、沿边开放，到内地开放，逐步形成了邓小平的改革开放理论体系。这些理论各自的系统性又无不体现了邓小平理论整体的体系性和系统性。然后顺理成章推出第二个大问题，为第三个大问题作铺垫。至于“邓小平理论的历史地位”可纳入第三个大问题中讲解。最后与其他学科一样讲述该学科的学习目的、意义及方法。这样，从整个理论体系来看，邓小平理论与其他学科一样也是一门科学，一门新兴的学科，是时代发展的必然要求和结果。

那么，究竟什么是“邓小平理论概论”学科的研究对象呢？

我们在搞清这一研究对象之前，有必要首先了解一下邓小平理论的主题。我们知道，邓小平理论的主题就是“什么是社会主义，怎样建设社会主义”，这个首要的基本理论问题的关键也就是搞清如何建设有中国特色社会主义的问题。而邓小平理论是马克思列宁主义与当代中国实际和时代特征相结合的产物，是毛泽东思想的继承和发展，是党和人民实践经验和集体智慧的结晶，是中国共产党人建设有中国特色社会主义行动的指南。由此可见，“邓小平理论概论”学科就是研究关于落后国家（尤其是指中国）走上社会主义道路之后，如何解放思想、实事求是并科学地理解社会主义的本质及其规律的学说。

真正弄清了邓小平理论概论学科的研究对象之后，再去把握其重点内容也就顺理成章，容易多了。邓小平理论是马克思主义在中国发展的新阶段，这个问题必须联系其研究对象来把握。首先，它从性质上确认了邓小平理论也就是马克思主义理论。其次，它从地域上界定了邓小平理论是中国的马克思主义。再次，它还从时空上准确定位，邓小平理论是当代中国的马克思主义。之后，它还要从动态关系去把握，邓小平理论是当代中国“发展”了的马克思主义。最后，还要人们从历史阶段去掌握，邓小平理论是当代中国马克思主义发展的“新阶段”，是新时期的马克思主义。

总之，邓小平理论与马克思列宁主义、毛泽东思想是一脉相承的。但是，邓小平同志不是纯粹的“工匠式”的机械主义者，而是一位“技师式”的伟大设计师，他把马克思主义与中国现实的改革探索的实践相结合，从而形成了马克思主义中国化的新的理论成果。它既继承又发展了马克思主义，是中国现实改革的行动指南。它和马克思主义一样也是一个开放的体系，它也需要后来的马克思主义者不断去丰富和发展，只有这样才能真正使马克思列宁主义、毛泽东思想、邓小平理论永葆青春。只有这样，我们才能真正领会邓小平理论的实质与核心内容。

我们之所以说邓小平理论开拓了马克思主义的新境界，是由于邓小平同志运用马克思主义的立场、观点和方法研究中国的新情况、解决新问题，开辟了中国社会主义建设改革的新道路。这也是邓小平凭借自身政治理论勇气，对马克思主义的发展作出的历史性的不可磨灭的贡献。邓小平理论之所以能够把我们党对社会主义的认识提高到新的科学水平，是由于邓小平理论始终坚持科学社会主义理论和实践的基本成果和坚持马克思主义基本理论原则，紧紧抓住究竟“什么是社会主义，怎样建设社会主义”这个根本问题，从而能够深刻地揭示出社会主义的本质问题，解决了“老祖宗”从未解决的问题。邓小平之所以能够作出新的科学判断，是由于他能够运用马克思主义的宽广眼界来观察世界，对于当今的时代特征以及总体的国际形势，国内外社会主义建设的成败和发展的得失，西方发达国家快速发展的态势和矛盾作出正确与科学分析。邓小平之所以能够创立新的建设有中国特色社会主义理论的科学体系，也离不开世界文明发展大道。正是他借鉴国内外一切社会主义建设历史经验和新鲜经验，把社会主义的基本制度与具体制度（即体制）区别开来，从而进一步推动了中国的经济体制改革、政治体制改革以及文化体制改革，成功地大胆吸收和借鉴人类历史上一切优秀文化遗产，使社会主义与市场经济有机地结合。特别是牢牢抓住中国的国情，把中国国情作为研究问题的出发点和归宿，从而使马克思主义中国化、现实化。

上述分析表明，认清邓小平理论概论学科的研究对象对于把握其理论的实质内容显得极为重要。前者是后者的前提和基础，后者是前者内容的具体展现。至于这一研究对象提出的作用与科学价值问题，笔者有必要申述己见，谈几点具体粗陋的看法。

第一，这一研究对象明确了邓小平理论概论学科所要研究的时间范围跨度。它表明了这一学科主要是从我们党取得政权以后，特别是从我们党的十一届三中全会的召开开始的，注重研究中国社会主义改革开放以后如何建设和发展社会主义的问题。

第二，这一研究对象指出了邓小平理论的核心思想：解放思想、实事求是。这是邓小平理论的精髓，它贯穿于社会主义改革和建设的始终，当然也贯穿于邓小平理论的始终，更贯穿于邓小平理论概论学科的始终。在中国改革的历次重大历史关头，邓小平曾多次强调和重申了这一党的思想路线，求实科学地解决了现实社会主义一系列改革问题，从而使社会主义改革建设始终能够沿着正确的方向前进。

第三，这一研究对象反映了邓小平理论的实质内容。中国社会主义改革建设始终坚持“一个中心，两个基本点”这一党在新时期的社会主义初级阶段的基本路线的核心内容。这就要求既强调发展生产力，以经济建设为中心，又要坚持党的领导不动摇，坚持改革开放的社会主义方向，保证我国经济建设不断健康、快速、稳步地发展。

第四，这一研究对象体现了时代的特征。邓小平理论是在和平与发展成为世界主题的历史条件下形成的，也是全党集体智慧的结晶。中国走上社会主义改革建设之路，必须大胆地解放思想，突破陈规，这样才能推进中国的社会主义现代化建设，增强中国的综合国力，使中国立于世界先进民族之林。

第五，这一研究对象揭示了邓小平理论与马克思列宁主义、毛泽东思想之间的关系。三者是一脉相承的，邓小平理论是马克思主义在当代中国发展的新阶段，是我们党从事社会主义改革和社会主义现代化建设的思想理论基础和行动指南。

第六，这一研究对象表明了邓小平同志的务实性及邓小平理论的民族性、时代性和开拓性等一系列特征，同时，说明了邓小平理论在社会主义改革建设中的作用和地位不容低估。我们只有高举邓小平理论的伟大旗帜，不断丰富和发展这一理论，才能使社会主义改革建设不断前进，才能使社会主义事业永葆青春与活力。列宁曾多次引用歌德杰作《浮士德》诗剧中的名言：“理论是灰色的，而生活之树是常青的。”[①]十月革命后，列宁指出：应当懂得，“理论在变为实践，理论由实践赋予活力，由实践来修正，由实践来检验”[②]。对于马克思主义理论问题恩格斯也发表过详细的科学看法：“我们的理论不是教条，而是对包含着一连串互相衔接的阶段

①《列宁选集》第3卷，北京：人民出版社1995年版，第381页。

②《列宁选集》第3卷，北京：人民出版社1995年版，第381页。

的那种发展过程的阐明。”[①]

第七，这一研究对象的确立，就邓小平理论概论课本身来说，体现出导论课内容的完整性以及邓小平理论的体系性和科学性。有利于学生把邓小平理论概论真正看作一门学科来学习与研究。

综上所述，在邓小平理论概论导读课教学中，我们必须补上邓小平理论学科的研究对象这一疑难问题，阐述清楚邓小平理论的其他一系列问题，体现出这一理论的完整性、体系性及科学性，从而使学生真正树立社会主义的信念。

［本文刊载于《合肥工业大学学报》（社会科学版）2001年第3期］

①《马克思恩格斯全集》第36卷，北京：人民出版社1975年版，第576页。

“社会主义理论与实践”课教学原则与方法初探

自东欧剧变之后，国际社会主义运动出现相对低潮，从事马克思主义政治理论课的教学人员，有必要对“社会主义理论与实践”课的教学做原则和方法上的探讨，以利于政治理论课教学效果的提高。

一、“社会主义理论与实践”课教学应遵循的原则

首先，在教学中必须贯彻理论性与实践性相结合的原则。这也是政治理论课教学应遵循的最为基本的原则。所谓理论性就是要讲究政治理论的知识性、先进性、系统性。科学的理论是在实践基础上产生并经过社会实践的检验和证明的，是对客观事物的本质、规律的正确反映。它是在同错误理论不断斗争中发展起来的。科学理论的重要意义在于它能指导人们的行动。正如列宁所说的，理论是行动的指南。不过，理论必须同实践相结合，脱离实际的理论是空想的理论。马克思列宁主义、毛泽东思想、邓小平理论就是理论和实践相结合的典范。所谓实践性是指人们能动地改造和探索现实世界的一切社会性的客观物质活动。教学实践性就是指教师联系社会现实问题来阐述科学的理论，同时，指导学生走向社会从事调查研究，从而树立正确的世界观和人生观。

一个民族要想站在科学的最高峰，就不能没有理论思维。教师在教学中既必须坚持理论性，又必须将理论与实践相结合。对此，江泽民同志在党的十五大报告中强调：中国共产党是非常重视理论指导的党。中国共产

党以马克思列宁主义、毛泽东思想和邓小平理论作为自己的行动指南。实践证明，作为毛泽东思想的继承和发展的邓小平理论，是指导中国人民在改革开放中顺利实现社会主义现代化的正确理论。在当代中国只有把马克思主义同当代中国实践和时代特征结合起来的邓小平理论，而没有别的理论能够解决社会主义的前途和命运问题。我们在讲授理论时必须结合社会现实存在的问题加以分析，从而使学生正确认识社会现象，提高学习的积极性和主动性。

其次，必须坚持原则性和科学性相统一。所谓原则是指观察问题、处理问题的准绳。而教学原则就是指讲授该学科时，必须具有坚定正确的政治方向，做到教书育人与传授知识相结合。政治理论课必须讲政治、讲原则。有的老师认为政治课本身就是在讲政治，其实，这要作具体分析。这里所说的讲政治，绝不是简单重复一些政治口号，不是搞空头政治，而是要有坚定的政治立场和正确的政治方向，要求有科学的思想理论和社会主义道德规范作基础，要求有高度的思想觉悟作保障，而鲜明的政治观点、高度的政治敏锐性和政治鉴别力，是建立在相应的政治思想水平基础上的。政治理论课不仅要讲政治，还要讲科学。因为，社会科学有很强的逻辑性、系统性，如果只研究一点不及其余，就会走向片面性。我们既要对马克思主义的基本原理坚定不移地坚持，同时又要看到马克思主义本身是一个开放性的体系，必须不断地丰富和发展它。

最后，必须坚持历史性与现实性相结合的原则。我们必须从历史的高度来把握社会主义产生与发展的规律。社会主义是人类社会发展的产物，它和其他社会一样也是三位一体的，即是由经济、政治、思想文化三方面构成的。经济是一切社会的基础，政治是经济的集中表现，思想文化是经济政治的具体反映。社会主义与以往社会的联系性表现为它要吸纳世界各国的一切文明成果来发展和建设自身。社会主义与以往社会的不同之处是它善于利用以往社会的一切积极因素，为社会主义的改革建设服务，最终彻底废除私有制。另外，要尊重现实，社会主义是在实践中不断发展完善的。

世纪之交，各国都在加速发展经济，全球经济贸易一体化和区域经济集团化趋势锐不可当，各种思想文化相互碰撞，作为政治理论课的教师责任重大。我们必须讲原则、讲科学、讲政治，特别是要讲马克思主义的政治，讲建设有中国特色社会主义的政治。在政治理论课教学中，必须遵循上述“三性”原则，这样才能真正做到传道、授业、解惑，做到教书育人。

一门学科要搞好教学和建设，提高教学质量，除了必须遵循相关教学原则之外，还必须有研究该学科的方法，需要具体探求其内在的教学规律。“社会主义理论与实践”课也不例外。

二、“社会主义理论与实践”课教学的方法

第一，问题讨论总结法。教师根据社会现实，结合学生的思想实际提出该学科理论前沿或是值得思考和讨论的课题。如“论权力腐败”“漫谈市场经济下的精神‘滑坡’现象”等。让学生自己查找资料对该类问题作出回答和论证，每位同学写篇短小精悍的论文，然后，进行班级讨论，由学生自由辩论，教师与学生进行换位。为了把握讨论的中心和方向，教师可以适当提出问题加以引导。当然，教师在这种教学情景中的角色主要是书记员，做好讨论笔记，把大家争辩的不同观点及理由记下来，最后，针对各种观点逐一加以适当的点拨总结。但是，整个过程以学生积极准备和踊跃发言为主，教师的发言与评讲为辅，如果从课时安排上来说，学生发言与教师发言的课时比例应是3:1（或4:1），主次分明，不可倒置。对于当前社会的热点问题及同学们关心的问题，用此方法较佳。这种教学方法的使用有较高的难度，老师要认真详细地备课，预见学生可能提出的难题和思想存在的问题，以及辩论中出现的技巧不足问题等。一句话，这种教学方式对教师的要求很高，绝不是有人说的“放羊式”教学。

第二，讲授提问法。这种教学方法是以教师的讲授为主，学生回答为辅。教师提问题的目的是启迪学生积极思考配合老师讲好课。特别是对有关疑难问题用此方法较好。教师要备好课，讲课要有深度和广度，要以理服人，做到感情交流。在课堂讲授过程中，可适当地播放教学录像片。

第三，社会实践调查法。可以利用寒假或暑假（纳入正常教学计划，占总课时的1/5即可）来完成社会实践调查。教师根据该学科教学情况，在以上两种方法的基础上，再拟出有价值且便于学生操作，而且乐意去调研的现实问题。根据问题，教师对如何调研给予学生适当指导，或者直接参加某一小组一起调研。这种方法除了锻炼和培养学生独立分析和解决问题的能力外，对于提高学生的写作水平和思维能力，深刻认识社会无疑也能起到良好的推动作用，更重要的是通过切身体验，学生提高了觉悟，增强了信念，对党、对人民、对祖国热爱的感情更纯洁、更真挚。

[本文完稿于1997年10月]

思想政治教育专业“邓小平理论概论”课教学改革初探*

为了吸取十六大报告的相关内容，进一步推动邓小平理论课的教学与建设，本文针对思想政治教育专业的特点，对邓小平理论课的教学内容与课程体系设置进行了大胆探索与尝试，以求教于同仁。

一、教学内容与课程体系的框架结构

邓小平理论主要是研究中国社会主义建设与改革问题的，因此，笔者在拟定该学科的教学内容提纲时特作了一定的调整，以便适应思想政治教育专业特点，增加相关内容和提升理论深度。另外，考虑到专业课与公共课的不同特色，在本课程体系的框架结构中将有的章节省略或者合并。比如，《邓小平理论概论》教材大多有十四五章，笔者将邓小平理论的哲学基础内容并入“精髓论”之中；将社会主义经济体制改革和社会主义的基本经济制度纳入“市场论”之中；将社会主义政治体制改革的内容纳入“党建论”之中，将社会主义建设的政治保证的相关内容纳入“民主论”“党建论”之中；将“社会主义的领导力量和依靠力量”一章直接改为“党建论”，因为要讲党的建设与执政规律必然要论述党的依靠力量问题；将社会主义改革开放和社会主义的外交战略合为“全球论”，在讲面对经济全球化我们应如何应对时，必然要讲有关改革开放和外交战略问题；等

* 本文是笔者主持的校级教学研究项目“‘邓小平理论概论’课教学内容与课程体系改革”（XJJ-YB200304）的系列成果之一。

等。最后，拟出包括导言在内的十二讲内容。第一讲：旗帜论；第二讲：精髓论；第三讲：阶段论；第四讲：本质论；第五讲：动力论；第六讲：发展论；第七讲：市场论；第八讲：民主论；第九讲：文化论；第十讲：回归论；第十一讲：全球论；第十二讲：党建论。

在导论中，重点是“邓小平理论是马克思主义在中国发展的新阶段”，难点是“邓小平理论的研究对象”问题。在解放思想、实事求是的理论精髓中，重点是“解放思想、实事求是思想路线的重新确立”，难点是“为什么要把与时俱进与解放思想、实事求是一道作为坚持党的思想路线的重要内容”。在社会主义初级阶段理论中，重点是“社会主义初级阶段的历史定位”，难点是“为什么党的两次报告都把社会主义初级阶段理论写入其中”。在社会主义本质论中，重点是“社会主义的本质内涵”，难点是“如何正确理解三个有利于标准”。在社会主义改革动力论中，重点是“改革是第二次革命”，难点是“如何正确把握马克思主义的社会主义发展动力观”。在社会主义建设的发展战略一讲中，重点是“发展才是硬道理”，难点是“产业结构调整与跨越式发展”。在社会主义市场经济理论中，重点是“经济体制转换的动因”，难点是“如何认识社会主义经济体制的主体性”。在社会主义民主政治建设中，重点是“依法治国与政治文明”，难点是“依法治国与以德治国的关系”。在社会主义文化建设中，重点是“文明与文化的关系”，难点是“社会主义精神文明建设的突破口”。在祖国统一回归论中，重点是“一国两制”构想与实施，难点是“实现台湾回归”。在经济全球化的开放世界中，重点是“中国加入WTO的利与弊”，难点是“全球经济一体化与区域经济集团化”。在执政党的建设理论中，重点是“新时期党的执政规律”，难点是“党风建设的突破口”。

二、教学内容具体安排及理由

在思想政治教育专业中，与邓小平理论相关的课程较多。比如，政治学、政治经济学（包括资本主义与社会主义部分）、国际政治经济与国际关系、宪法学、发展经济学、中共党史、毛泽东思想概论等。为了避免与这些学科相关内容的交叉重复，为了适应思想政治教育专业理论深度和广度特点，对邓小平理论课程的教学内容特作如下设置。

在第一讲导论中，主要讲授这样几个问题：第一，“邓小平理论概论”学科的状况；第二，邓小平理论的形成与发展；第三，邓小平理论的研究对象；第四，学习邓小平理论的目的意义及方法。在这一讲中，之所以首先介绍该学科状况，主要是让同学们了解邓小平理论的研究状况和发展趋势，以及作为我们党的一面旗帜对我国社会主义建设与改革的影响。接着，讲授邓小平理论是如何形成和发展的。在了解邓小平理论的形成过程后，有必要了解一下这门学科的研究对象，最后是指出这门学科的目的意义及方法。

第二讲的内容主要有：首先，精髓的含义及其在马克思主义理论中的地位；其次，解放思想、实事求是思想路线的重新确立；再次，解放思想、实事求是的辩证统一关系；最后，解放思想、实事求是、与时俱进是党在新时期的思想路线。把解放思想、实事求是的理论精髓作为单独一讲，尤其是作为导论之后的首讲内容，既符合邓小平理论的内在要求，也是符合党的十四大报告对邓小平理论的全面概括。因为，邓小平理论的精髓是邓小平理论的灵魂，它像一根红线贯穿邓小平理论的始终，也是邓小平理论的第一块理论基石。

第三讲理所当然要讲授邓小平理论的第二块基石——社会主义初级阶段论。第一，社会主义阶段划分的标准；第二，社会主义初级阶段理论的形成过程；第三，社会主义初级阶段的历史定位；第四，党的十五大报告对社会主义初级阶段理论的进一步阐述；第五，社会主义初级阶段的主要矛盾与全面建设小康社会。一般的邓小平理论公共课，主要讲述社会主义初级阶段理论、基本路线、基本纲领，这一基本原理在政治经济学学科的社会主义部分都会有专门的章节加以阐述。因为思想政治教育专业课必须有理论深度，所以要进一步研究理论提出的历史根源、动因与意义等。

第四讲的主要内容有邓小平理论的主题；社会主义本质的科学概括；社会主义的根本任务；社会主义建设和改革成功与否的“三个有利于”标准。之所以把“三个有利于”标准的内容纳入本讲之中，而不同于其他教材纳入发展或改革等有关章节之中，是因为“三个有利于”标准是鉴别社会主义建设与改革成功与否的试金石，这是回答邓小平理论主题的最佳标尺。

在第五讲中，主要讲授邓小平发展战略观的形成过程；发展才是硬道理；产业结构与跨越式发展；科教兴国与可持续发展。这讲不同于公共课的教学内容安排就在于增加了有关跨越式发展的问题，突出产业结构调整对经济发展的意义和作用。

第六讲的主要内容有社会主义社会的发展动力；改革是第二次革命；改革动力观与知识动力观问题；改革、发展与稳定的关系。这里突出了马克思主义发展动力论的历史沿革问题，同时，对改革动力论与知识动力论进行了比较，强调制度变革在中国社会主义建设中的巨大作用。至于经济增长方式的转变问题，考虑到在政治经济学社会主义部分多有阐述故加以省略。

第七讲的主要内容有经济体制转换的动因；社会主义社会的主体性；国有企业改革问题。这讲将社会主义所有制、按劳分配等问题纳入其中，目的是避免与其他学科的内容重复。

第八讲的主要内容有民主的内涵；政治体制改革与政治文明；法治与德治的关系。这里增加十六大报告所强调的政治文明的内容，突出法治与德治的关系。

第九讲的主要内容有文明与文化的关系；道德现状与评价；社会主义精神文明建设的突破口。这里改变了过去仅仅从一般的角度来论述社会主义精神文明建设问题的做法。

第十讲的主要内容有“一国两制”的构想与实施；台湾回归展望。这样就避免仅仅阐述“一国两制”的纯粹理论问题。

第十一讲的主要内容有全球化的形成过程；全球经济一体化与区域经济集团化；中国加入WTO的利与弊。这讲把公共课的对外开放和对外战略两章的内容合为一讲，并且为了避免与其他学科的重复，着重从全球化角度说明对外开放的重要性和加入WTO的必要性。

第十二讲的主要内容有“三个代表”重要思想提出的过程；执政规律

问题；党风建设的突破口。重点突出江泽民同志在庆祝中国共产党成立八十周年大会上的讲话中所强调的加强研究党的建设规律的问题。同时阐明了反腐败与党风建设的必要性，必须认真贯彻“三个代表”重要思想，这是关系到党和国家的生死存亡的大问题。

三、教学内容与课程体系改革的目的与特色

首先，从教学改革的目的来说就是全面贯彻十六大报告的精神，把“三个代表”重要思想纳入“邓小平理论概论”课之中，进一步丰富和发展邓小平理论，提高学生学习邓小平理论的积极性，坚定社会主义信念，增强分析问题与解决问题的能力。

其次，从教学内容和课程体系改革的特色来说就是做到知识性与趣味性相统一、理论性与时代性相统一、文化性与旗帜性相统一、主体性与创新性相统一，从而更加符合思想政治教育专业的特点。

最后，从教学方式方法来说就是做到历史与现实相结合、理论与实践相结合、案例分析与理论叙述相结合、中国与外国相结合、横向与纵向相结合、原理与原著相结合，为了充分调动学生的学习积极性和主动性，适时安排录像教学与课堂讨论。

总之，作为思想政治教育专业课之一的“邓小平理论概论”课，其教学内容与课程体系的设置有待进一步改革与研究，这将是一个长期而又艰巨的任务。

[本文刊载于《芜湖师专学报》2003年第3期]

论案例教学与师生互动规律在高校公共政治理论课中的作用*

为了提高大学生对公共政治理论课的学习兴趣，笔者在多年的教学实践中摸索出了一套自己的教学方法，并且获得了一定的成效，这就是对案例教学与师生互动规律的运用。

要了解高校公共政治理论课的案例教学及师生互动规律的作用与意义，有必要先了解一下学术界是如何看待高校公共政治理论课与案例教学的关系的。

一、高校公共政治理论课与案例教学的关系

关于在高校公共政治理论课中实施案例教学，尤其是在“邓小平理论和‘三个代表’重要思想概论”课中实施案例教学，学界有许多不同的看法。有学者认为，案例教学只适合经济、管理类等学科，不可以搬到政治理论学科，特别是高校公共政治理论课中来。这种做法既不对路，又华而不实。有人认为，这种案例教学对于高校公共政治理论课，特别是“邓小平理论和‘三个代表’重要思想概论”课而言，有可能降低其政治理论的境界，让其变得庸俗化。还有的认为，马克思列宁主义、毛泽东思想、邓小平理论和“三个代表”重要思想理论课程用具体的案例是讲不清楚的。种种观点归结为一句话，就是这种案例教学法不宜在高校公共政治理论课

* 本文为安徽省教育厅省级教学课题“高校政治理论课教学过程中师生互动规律研究”(2005333)的阶段性成果和“‘邓小平理论概论’案例教学研究”(XJJYB200608)的阶段性成果。

中使用。然而，钱伟量、王柄林、陈晓晖、魏晓文、朱志敏等学者用事实证明案例教学完全适用于政治理论学科，这已是一个不争的事实。大量的实践证明，案例教学是一种比较理想的符合大学生认知规律和心理需求的新的教学尝试。

案例教学是从微观入手，从个别事例开始的。这种案例教学模式克服了原有教学模式的弊端与不足。过去的政治理论教学在分析问题时往往是单线式的因果联系，现在的案例教学强调多因果关系，强调复杂的、复线式发展模式。比如，“邓小平理论和‘三个代表’重要思想概论”课中的“立论的基础——社会主义初级阶段理论”一讲，开篇案例是：“1958年，安徽省繁昌县峨山乡东方红三社中稻亩产43075.9斤……广西壮族自治区环江红旗人民公社中稻亩产130434斤。”各大报纸报道了这一粮食“大丰收”，亩产量“放卫星”的“喜讯”。这一事例反映了什么问题？认真思考与分析发生这一普遍现象的根源是什么？一般同学都会回答没有实事求是。但是，对于产生这一现象的根本原因的回答往往难以全面。同学只有既具备深厚的基本理论知识，又具有宏观的、立体式的发散性思维才能比较好地回答这一问题。

这一问题产生的最重要的原因是对中国国情的定位长期处于茫然状态，既不够重视，也没有搞清楚，更不够科学。从时代背景来看，中国当时所面临的国际环境是艰难的，处处受挤压与封锁，因此，必然产生急于求成的思想。从国内来说，从深层次讲，是对“十大关系”问题未认识清楚和未处理好的结果。

案例教学不仅能提高学生对政治理论课的学习兴趣，也容易激发学生的学习积极性与自主性，同时，也可以提高学生分析问题与解决问题的能力。它有利于学生加深对政治理论、党的方针政策的理解，进而坚定社会主义的信念，树立正确的世界观、人生观与价值观。

那么，在高校公共政治理论课中究竟该如何进行科学的案例设置呢？这个问题仁者见仁，智者见智。本文为论述方便，仅以“邓小平理论和‘三个代表’重要思想概论”课为例。

二、“邓小平理论和‘三个代表’重要思想概论”等政治理论课案例教学主要内容的设置与分析

在高校公共政治理论课中，特别是在“邓小平理论和‘三个代表’重要思想概论”课中，如果不进行科学的设置和加入适当的案例，在教学中很容易机械、呆板，或是空洞无物，这会使学生失去对这门学科的学习兴趣。从方法论角度来说，教学方法是“为达到教学目的，实现教学内容，运用教学手段而进行的，由教学原则指导的，一整套方式组成的，师生相互作用的活动”①。我们必须从方法上对该学科进行科学的分析。比如，从定量定性的角度找出相关的材料去思考问题；从历史与现实的角度寻觅相应的事实去分析问题；从中国与世界的比较中去研究问题；从理论与实践的角度了解差距，提出问题；从成就与挫折的角度揭示不足，发现问题；从原理与原著结合的角度到经典里去探求问题；从中外的经验与教训中去反思问题；从中国特定的盛世史与特定的屈辱史中去解构问题；从中国社会主义建设改革发展的前后对比中来说明问题；等等。对各章节分析以后，搜集相应的资料加工整理。有了好的材料还要进行科学的设计，教学设计“是指教育实践工作者（主要指教师）为达成一定的教学目标，对教学活动进行的系统规划、安排与决策”②。把每一章作为一个大的课题来进行研究与备课，在这一大课题下面再分设若干个子课题，每一个子课题至少开设一个专题讲座，每一个讲座又由若干个案例相连来讨论分析说明推论的结果。也就是每一章都有设定好的案例来让学生讨论与分析，也有设定好的问题让学生去思考与总结。

“邓小平理论和‘三个代表’重要思想概论”课的第一讲：“导论——当代马克思主义的旗帜”。首先，从党的十一届三中全会前的“中央工作会议”到党的十五大报告来正确理解高举邓小平理论旗帜的伟大意义与作用。其次，从“猫论”标准、实践标准、生产力标准到“三个有利于”标

① 田慧生，李如密：《教学论》，石家庄：河北教育出版社1996年版，第203页。

② 田慧生，李如密：《教学论》，石家庄：河北教育出版社1996年版，第287页。

准看邓小平理论体系的科学性。再次，从邓小平两部“宣言书”产生的前后背景与影响作用及发达国家政治学、社会学等学科的繁荣看大学生认真学习和掌握政治理论的必要性。设置的思考题是：“如何理解邓小平理论和‘三个代表’重要思想是马克思主义在中国发展的新阶段?”在“理论的精髓——解放思想、实事求是与时俱进”一讲中，设置这样几个问题：从“一江之隔的两个罗芳村农民收入反差之大”看我们党的思想路线的历史沿革；从“四大烟王三个倒”看“解放思想、实事求是、与时俱进”思想路线不断发展的意义；从彭德怀的“万言书”到改革开放过程中的三部所谓“万言书”看坚持党的思想路线的必要性。讨论题是：“我们党在发展过程中，是如何既坚持党的思想路线又不断进行理论创新、制度创新的?”在“中国现代化的蓝图：‘三步走’发展战略”一讲中，设置的内容为：从抓“1070万吨钢”“以粮为纲”“重GDP增长”到“退耕、还林、还草”以及科学发展观的确立看我党发展战略的历史演进；从美国的“西进运动”、经济学家的“滴漏效应”来理解邓小平的“三沿”递进开放战略和西部大开发战略；从美国的GDP是中国的八至十倍来理解邓小平“发展才是硬道理”的著名警句；从邓小平与大平正方的对话来理解中国式的现代化、小康社会以及“台阶式”发展战略；从“南水北调”看可持续发展战略；从《京都议定书》看科学发展观的前瞻性、高屋建瓴性；从印度成为世界信息产业第二大国以及发达国家的信息高速公路看中国的科教兴国战略。讨论题是：“新中国成立以来社会建设发展模式是如何变化的，为什么?”还比如，在“配置资源的有效手段：社会主义市场经济的确立”一讲中，设置了这样几个问题：从邓小平“南方谈话”的前前后后看市场经济确立的伟大战略意义；从鲁迅先生对中国古代“四大发明”在中外不同作用的分析看制度建设、改革、创新的现实意义；从比尔·盖茨的“捐献遗嘱”看中国的分配制度改革；从列宁的战时共产主义政策到新经济政策以及从“人民公社好”到人民公社解体来正确理解社会主义所有制经济成分的多样性；从20世纪60年代美国著名经济学家阿瑟·奥肯提出的“奥肯定律”看私营、个体经济充分发展与充分就业的意义；从国有企业发展看我党“抓大放小”，建立现代企业制度的科学性；从中外经济学家关于计划经济与市场经济及政府作用的历史论争来分析以市场经济为取向建立社会主义市场经济的历史必然性。思考讨论题是："从世界各国的发展来看，市场经济存在的历史必然性是什么？计划经济与市场经济相比更为明显的缺陷是什么？"

在公共政治理论课中，进行科学的案例设置是极为重要的。但是，要想使案例教学发挥应有的效果，激起学生的学习兴趣，科学地把握与贯彻师生互动规律也是不可或缺的。

三、高校公共政治理论课案例教学中的师生互动规律性问题

在整个教学中教师和学生即是教学的主体也是教学的客体，师生的角色是二重的，在互动中完成教学，学生学得知识，教师提高教学水平，这样一种师生教学模式与关系，被称为师生互动规律。

师生互动的课堂教学是教师主体和学生主体动态转换的过程。在高校公共政治理论课中实施案例教学，就是为了充分调动学生的学习积极性，使学生成为学习的主人，同时，也成为教师教学中的主人。学生主动积极地学习，参与老师的教学实践活动，参与讨论、提问等一切教学活动，完善教师的教学，提高教学活动的效果，在娱乐中学得知识，掌握本领，增强分析问题、解决问题的能力。从教师来说，要深入研究学生的知识结构，钻研和组织教学内容，及时正确评价与反馈学生参与讨论发言的成绩与学习结果，调整整个教学过程。

那么，究竟如何使案例教学充分贯彻师生互动规律的原则呢？

首先，案例的选择要满足以下几点。第一，案例本身必须具有典型性。教师如果对案例的选择不进行认真的研究，就可能造成案例说服力不强，没有代表性。在实际的教学过程中，难以起到应有的效果。

第二，案例要有规范性。规范的案例便于教师与学生对其进行分析，从而有益于推论演绎以及得出结论。

第三，案例要具有实用性。案例本身如何对论证是否有力至关重要。也就是选择的案例要便于操作、便于演示、便于说理。

第四，案例要有前瞻性。选择的案例要具有长远性特点，这个案例不仅今天具有科学性与合理性，而且若干年之后，仍然具有说服力，仍然具有科学性与合理性。

第五，案例要有伸展性。案例富有的包容性，更易于激起学生的“斗志”。另外，可在案例选择中充分发挥学生的积极性，要求每个同学贡献自己的智慧，突破学科间的隔阂和壁垒，打破按部就班地依照教材讲授学科体系的束缚，由同学自己提供案例来说明其价值与意义，最后由教师审核、筛选与认定讨论的案例。

其次，从案例的使用分析特点来说，案例要有特色，不能低调，但也不能空想化。也就是选择的案例要贴近生活、贴近现实，反映中国社会主义改革、建设和发展主线。案例本身既要有权威性也要有逻辑性和说理性。

最后，从案例的设置技巧来说，案例的设置要有科学合理性。让每个学生积极参与教学活动，是教师孜孜以求的最大心愿，这就更要讲究案例设置的艺术性。在教学中大胆进行改革，由过去以教师为本的教学模式转化为以学生为本的教学模式。充分注意师生之间的互动规律，以及生生之间的互动规律。案例教学有利于师生互动，有利于提高学生的学习兴趣，有利于增强学生的学习自觉性，激发学生的学习潜力，有利于克服过去教学中师生对立、学生与教材的对立、灌输式与启发式的对立等，从而实现教与学的统一、教书与育人的统一、课上与课下的统一、课堂与课外的统一等等。

设计教学法是美国教育家克伯屈创造的，在1915年传入中国前一直被世界广大教育者所推崇与运用。这一理念教学案例设计的方法主要有以下几种。

现成法。这是“研究型”讲授模式（阅读—撰稿—演讲—辩论）。在讲课之前教师已经打印好案例资料（或之前播放过相关录像资料），提前发给同学，让学生阅读，指定若干学生写讲稿，并进行演讲。教师提出准备好的问题，由学生针对演讲同学的观点及其材料来讨论发言与辩论，教师进行总结、分析，并讲解相关章节内容。

即兴法。这是“对话型”讲授模式（讨论—对话—思考—总结）。教师把有关案例资料临时发给学生，结合所学章节的内容要求同学们自己提出问题，分组在课堂上进行讨论，或向教师提出疑问，教师把握课堂气氛，回答学生提出的相关问题。中途可作适当引导、分析与讲解，引发学生进行深入的思考。教师还要作出评判，点出问题与症结所在。同时，总结与分析仍然没有深入或没有论述清楚的问题。

插入法。这是“辩论型”讲授模式（问题—思考—辩论—结论）。教师对有关章节的主要内容进行讲解并提出问题，再展示出案例材料，要求同学们结合自己的实际情况来思考问题，谈谈自己的看法，并进行辩论。最后指定同学进行评点与总结。

结论法。这是常规的“授课型”讲授模式（确定讲题—准备讲稿—进行讲授—授后总结）。教师按照正常的教学程序进行教学，同时在课堂上运用大量的案例，分析一系列问题，把许多问题讲得相当透彻，在快要结束某一章节的讲述之前，又把相关的新案例资料发给同学（或播放收看有关录像片），得出本章节所要阐述的答案。同时，要求同学们课后结合案例作进一步的学习、巩固与思考。之后，师生可以进行网上沟通与交换意见。

参观法。这是“考察型”讲授模式（问题—调查—讨论—指导）。先在课堂进行小议，由学生提出许多问题之后再去参观。最后，要求每位同学在相互讨论思考基础上提交一份调查报告，并遴选出少数有相当高质量的调查报告进行总结性发言，这时教师始终处于指导地位。

四、案例教学及师生互动规律在高校公共政治理论课中的作用与意义

在高校公共政治理论课中采取案例教学与研究的目的就是使同学们真正提高对马克思列宁主义、毛泽东思想、邓小平理论和“三个代表”重要思想的学习兴趣，提高分析问题与解决问题的能力，并能够运用马克思主义的立场、观点、方法来解决社会主义建设改革过程中的实际问题，坚定社会主义信念。同时，提高公共政治理论课的教学水平，使其学科的案例教学法在实际中的运用上一个新的台阶，力争进一步推动高校公共政治理

论课的教学改革，使之成为受大学生欢迎的学科，从而把公共政治理论课进一步打造为精品课程。案例教学及师生互动规律在高校公共政治理论课中的运用，具体作用与意义表现在以下几方面。

第一，认真贯彻与实施案例教学法，正确把握师生互动规律，有利于在公共政治理论课的教学中真正摆正师生的角色地位，处理好主客体关系。这种教学模式能使学生真正体验主体作用与主人翁的学习责任感。

第二，认真贯彻与实施案例教学法，正确把握师生互动规律，有利于教师在教学中真正做到理论联系实际，增强大学生对高校公共政治理论课的学习兴趣。

第三，认真贯彻与实施案例教学法，正确把握师生互动规律，有利于提高大学生的基本政治理论素养，培养创新思维能力。

第四，认真贯彻与实施案例教学法，正确把握师生互动规律，有利于将过去填鸭式、灌输式的单向性传统教学模式，转变为师生互动以及师生之间、生生之间双向交流的启发式教学模式。真正实现教学相长，教师开启学生的智慧，同时又从学生智慧的火花中获得营养与启迪，不断提高教学水平。

第五，认真贯彻与实施案例教学法，正确把握师生互动规律，有利于学生学会自我采集案例，提高整理案例、分析与运用案例的能力，适应知识经济时代需要培养复合型人才的要求。

综上所述，高校公共政治理论课案例教学与师生互动规律的运用，就是要求教师转变教学观念，实现由“重视形势政策”的传达向“重视学理分析”的方法传授转变，由“知识”本位向“人”本位转变，由“重视传授知识”向“重视培育创新技能”转变，由“重教”向“重学”转变，等等。采用“研究—问题—探索”的研究讨论讲授型教学方法，有助于激发学生的学习热情，培育学生持久的求知欲望。总之，案例教学及师生互动规律在高校公共政治理论课中的作用及效果是显而易见的，也是极为重要的。同时，这也是便于推广的有价值的教学模式。

[本文刊载于《内江师范学院学报》2006年第3期]

附　录

本书作者主持和参与的课题研究项目

1. 主持的子课题：当代中国马克思主义大众化制度化研究（中宣部重点课题：当代中国马克思主义大众化研究，2008）

2. 主持安徽省教育厅课题：新形势下学校管理制度创新与实践（项目编号：JG09020）

3. 参与国家级重点课题：中国特色社会主义理论体系研究（2009）

4. 参与国家级课题：宗教在新疆地区构建和谐社会中的作用研究(项目编号：07BZJ004）

5. 参与教育厅教学课题：高校政治理论课教学过程中师生互动规律研究（项目编号：2005333）

6. 参与教育厅课题：南陵县农村留守儿童教育问题研究（项目编号：JG07028）

7. 参与教育部人文社科青年基金项目：党执政资源开发60年的历史经验与建设规律研究（项目编号：09YGC710010）

8. 参与江苏省高校人文社会科学研究项目的重点课题：私人所有制经济的充分发展与江苏充分就业的实现（项目编号：04SJB790003）

9. 主持的校级课题："邓小平理论概论"课教学内容与课程体系改革（项目编号：XJJYB200304）

10. 主持的校级课题："邓小平理论概论"案例教学研究（项目编号为：XJJYB200608）

后　记

本书由安徽师范大学法治中国建设研究院资助出版，得到安徽师范大学法学院和安徽扬子职业技术学院大力支持。在本书编校期间，习近平总书记就中国特色社会主义治国理政发表了一系列重要论述，为最终成书提供了最新最直接的理论指导。学术界也发表了诸多解读习近平新时代中国特色社会主义思想的研究成果，为本书最终完成提供了有益借鉴。

本书部分文章由我和所指导研究生共同完成，在此向他们表示感谢。感谢安徽师范大学副校长、博士生导师彭凤莲教授，法学院原党委书记马广见博士，法学院院长严宏教授，管理系主任周仁标教授，对本书创作出版的鼎力支持。感谢安徽省马克思主义研究会会长、安徽中医药大学党委书记、博士生导师王先俊教授多年来给予的鼓励与支持。感谢我的妻子方跃芬女士对家庭无怨无悔的付出和对我教学科研工作的支持。

最后，特别要感谢的是安徽师范大学出版社社长张奇才教授多年来给予的关照和工作上的支持，对参与本书策划、审读、设计的编辑们所付出的辛劳，表示衷心感谢。

总之，要感谢的人很多，谢谢各位亲朋好友多年来对本人及家庭的关爱和支持！

谨以本书的出版纪念我的父亲、母亲——何朝年、窦维英。